Ellen Schreiber

Kosmische Weisheiten

Deutsche Erstausgabe Dezember 2008
3. Auflage Dezember 2010

Copyright bei Orangerie Verlag GmbH

© der Originalausgabe 2008: Ellen Schreiber

Umschlaggestaltung, Layout und Satz: Katja Wagner
katja.wagner@20kreaturen.de

Fotografie: Torsten Hönig

Lektor: David Petry

Druck und Bindearbeiten: pixelpress.de GmbH

Printed in Germany

ISBN 978-3-9812767-0-1

Bestellungen unter:
info@kosmische-weisheiten.de
Tel.: 09131-92 38 970, www.kosmische-weisheiten.de

ELLEN SCHREIBER

KOSMISCHE WEISHEITEN

einfach glücklich leben

Kosmische Weisheiten

Besonders für den Planeten Erde geeignet

Jeder Mensch ist etwas Besonderes.

Wenn wir Menschen glücklich sind, ist unser Beitrag für diesen Planeten grenzenlos.

Schon beim ersten Augenblick des Erwachens, erhält man bei der Geburt das Menschenrecht, glücklich zu sein. Diese Aufgabe hat man meiner persönlichen Meinung nach ein ganzes Leben lang.

Egal, welcher Planet,

egal, welche Nation,

egal, ob männlich oder weiblich,

egal, welcher Religion wir angehören,

so ist dies unsere tiefsinnigste und heiligste Aufgabe in unserem Leben.

Ich merke, das Wichtigste für mich und meine Familie ist, dass wir alle glücklich sind.

Nur wenn ich wahres Glück lebe, kann ich bei mir im Inneren ankommen. Jeder Mensch sollte den Mut haben, sein Leben zu leben, seine wahren Gefühle und Talente zu leben, in erster

Linie sich selbst zu lieben und glücklich zu sein, denn nur dann wird unsere Familie, unser Lebensgefährte und unser Umfeld auch glücklich sein.

Viele Menschen haben offensichtlich den wahren Lebenszweck ihres Daseins vergessen. Auf dem Planeten Erde gibt es für Menschen viele Arten von Ablenkungen und Irritationen, die sie immer weiter von sich selbst und der eigenen inneren Stimme und von den eigenen ethischen Werten entfernen. Jeder von uns hat ein inneres Gefühl oder eine innere Stimme, die uns genau verrät, was richtig und was wichtig ist.

Ob man dieses Gefühl Intuition oder höherführendes Selbst nennt; diese Fähigkeit haben alle Menschen. Egal wie die Umstände im Äußeren sind, seien Sie einfach glücklich, vor allem im Inneren mit sich selbst.

Lieben Sie sich selbst. Dies ist der Beginn des großen Glücks.

Alle Kinder dieser Welt sind kleine Engel. Es liegt in unserer Verantwortung gegenüber der Umwelt, wenn sie dies vergessen und nicht mehr sind.

Leben Sie einfach ihr eigenes, glückliches, von Ihnen bewusst gestaltetes Leben.

Das Leben ist wunderschön

Öffnen Sie einfach Ihre Augen!

Jeden Morgen aufwachen zu dürfen, ist eine große Gnade. Gehen Sie einfach davon aus, dass jeder Tag besser und schöner als der gestrige wird und glauben Sie es ganz fest an jedem Tag.

Gehen Sie in die Natur, in Ihren Garten oder in einen nahegelegenen Park. Halten Sie einen Moment inne, hören Sie auf zu denken, hören Sie einfach auf sich Sorgen zu machen.

Wenn ich mich in Erlangen in den Schlossgarten auf eine Bank setze und mir die großen Bäume, die wunderschönen Magnolien und Blumen ansehe und rieche, bin ich oft glücklich und die Schönheit der Natur erfüllt mich mit großer Demut.

Nehmen Sie sich Zeit für einen Spaziergang und entdecken Sie die Schönheit der Natur. Es bedarf keiner äußeren Umstände, um im Inneren glücklich zu sein. Schalten Sie heute einfach mal das Fernsehen aus und hüten Sie sich vor gewaltverbreitenden Medien; legen Sie doch mal die Zeitung weg und entscheiden Sie sich dafür, nur noch positive Meldungen wahrzunehmen an diesem Tag.

 Schreiben Sie doch einfach auf, was wunderschön in Ihrem Leben ist und was Sie richtig glücklich macht, und tun Sie dies öfter.

Freiheit

Wir leben im 21. Jahrhundert auf dem Planeten Erde. Ich lebe in Deutschland, bin weiblich und sehr, sehr glücklich.

Der Himmel ist wunderschön blau und klar. Die Sonne blinzelt bei 11°C auf das bunte Herbstlaub. Die Blätter sind gelb und rot und grün. Die Natur ist wunderschön.

Die Technologie, das Wissen, die Medizin und das Informations-zeitalter ist bei der Gattung Mensch weit fortgeschritten. Bei der Entwicklung in den Bereichen Ethik, Glück, Harmonie, bewusste Gedanken, Gefühle und Erschaffung des eigenen Lebens gibt es enormen Entwicklungsbedarf.

Jetzt beginnt das Zeitalter des Glücks und der völligen Freiheit des eigenen Lebens, wenn man den Mut hat, die eigene innere Kraft selbstbestimmt für sich zu nutzen. Noch nie gab es vorher eine Zeit der völligen Freiheit und Unabhängigkeit wie heute. Wir leben in einer märchenhaften Freiheit. Sind Sie sich dieser Tatsache eigentlich bewusst?

In Deutschland ist es völlig egal, in welcher Familie wir geboren werden, ob reich oder arm, schön oder nicht so schön, es liegt allein an uns, was wir aus unserem Leben machen und erreichen und ob wir uns entscheiden, einfach glücklich zu sein.

Unsere Vorfahren hatten diese Freiheit nicht. Es gab soziale Zwänge, die wir heute mutig hinter uns gelassen haben. Egal, ob unsere Eltern hochwohlgeboren sind oder keine Arbeit haben, jeder Mensch hat die Freiheit und Wahl, sein Leben, seinen Erfolg und sein Glück selbst zu bestimmen.

Ist uns eigentlich bewusst,
in welch schönem Zeitalter wir leben?

Beschränkungen

Beschränkungen, die wir uns selber einreden, die es jedoch nur in unseren Gedanken gibt.

Die Gestaltung unserer Gedanken und des eigenen Lebens ist völlig frei.

Es gibt im Himmel keine Tafel, auf der geschrieben steht, wie unser Leben zu sein hat; wir sind in unserer Wahl völlig frei.

Wenn wir glauben, wir wären in irgendeiner Art und Weise in unserem Leben in gefangenen Situationen, liegt es bloß an unseren Gedanken, in der Realität ist man es nicht. Oft unterliegen wir dem Irrtum, es anderen Menschen recht machen zu wollen.

Viele Menschen tun dies so häufig gegen ihre eigenen Überzeugungen; und am Ende ihres Lebens haben sie es weder den anderen recht gemacht noch wissen sie, was ihre eigenen Ideale und Überzeugungen sind.

Es gibt nur einen einzigen Menschen, dem Sie es in der
heutigen Zeit recht machen müssen, und das sind Sie selber.
Wenn Sie nach Ihren eigenen Wünschen, Überzeugungen und
ethischen Werten handeln, nur dann werden Sie auch selber
glücklich sein.

Nur wenn Sie mit sich selbst im Reinen sind, ist Ihre Umwelt
auch glücklich und respektiert auch Ihren Werdegang.

Menschen sollen heutzutage ihre innere Kraft und Weisheit
nutzen, um zu sich selber zu stehen, die eigenen Wünsche,
Ideale und Liebe zu leben.

Gedankenmonster, die das Leben beschränken,
sind die eigenen Angstgefühle, die den Fortschritt
dieser schönen Welt bremsen.

Veraltete Wertvorstellungen

Die „Anderen".

Was denken denn die „Anderen"?

Was sagen denn die „Anderen"?

Ist mit „die Anderen" der Rest der Menschheit gemeint?
Sind die Nachbarn, Verwandte und Freunde gemeint?

Die meisten Menschen haben genug damit zu tun, es sich selbst recht zu machen. Jetzt und in der Zukunft wird man es nicht schaffen, es allen anderen recht zu machen. Wenn ich darauf achte, glücklich zu sein, ist es meine Umgebung auch.

Freunde, Verwandte und Bekannte glauben oft, uns in schwierigen Situationen beraten zu können, und tun dies auch aus ihrer Sicht nach bestem Wissen und Gewissen. Sie meinen es ja nur gut.

Aber können sie denn wirklich wissen, was für mich gut oder in dieser Situation wichtig ist?

NEIN.

Sie können uns beraten und wir können darüber nachdenken oder auch nicht. Aber die Entscheidung dürfen wir immer alleine treffen und wir alleine werden auch die Konsequenzen dafür tragen.

Wenn Sie Ihrer eigenen inneren Kraft folgen, brauchen Sie keinen Guru, keine Berater, keine Kirche, nur etwas Zeit und Ruhe für Ihre eigenen Gedanken und Gefühle. Keinen spirituellen Kommerz.

Die Schöpfung hat uns bei der Geburt mit allen Instrumenten ausgestattet, die man in diesem Universum braucht, um glücklich zu sein.

Nutzen Sie die Kraft, die in Ihnen steckt!

Treffen Sie Ihre eigenen Entscheidungen, um ein erfülltes und freies Leben zu leben.

Menschen

**Alle Menschenkinder haben bei der Geburt
den gleichen Wert.**

Jedes Kind bekommt von der Schöpfung alle Fähigkeiten und
Talente und die innere Kraft, die in diesem Leben benötigt werden.

Jedes Baby, jedes Kind und jeder Mensch, egal ob gesund oder
krank, reich oder arm, schön oder nicht ganz so schön, ist von
unserer Schöpfung genauso gewollt, wie sie sind. Egal, ob die
Haut weiß, gelb, braun oder schwarz ist, wir sind alle Menschen,
egal welcher Religion, Nation, oder politischen Richtung wir
angehören.

Alle Formen von gedanklichen oder geografischen Grenzen werden
irgendwann aufgehoben. Ich glaube fest daran, dass irgendwann
alle Menschen auf diesem Planeten friedlich miteinander leben.
Auch wenn wir im Moment noch nicht ganz so weit sind.

Wir sind alle Menschen,
die auf dem Planeten Erde leben.

Religionen und die Schöpfung

Jede Religion sollte von anderen Menschen respektiert werden.

Ich glaube, auch wenn ich es nicht beweisen kann, an die Schöpfung, an Gott, an das Gute, oder wie Sie es auch immer in Ihrer Religion nennen möchten. In kirchlichen Gemeinschaften fühlen sich viele Menschen sehr wohl. Jede Form von glücklicher Gemeinschaft ist für Menschen gut.

Keine Religion sollte Angst verbreiten. Ich glaube an einen „gütigen Gott", der jeden Fehler gütig verzeiht. Ideen von Hölle und Strafe sind veraltet, genauso wie ein strafender Gott. Das Geschäft mit der Angst boomt heute auch nicht mehr. Ich persönlich fühle mich in der freien Natur der Schöpfung (Gott) am nächsten, weil diese nicht von Menschen erschaffen ist.

Es erfüllt mich mit tiefer Demut, einen alten Baum, eine Blume oder auch das Meer und den Himmel zu sehen.

 Ich glaube, dass jede Religion eigentlich an das gleiche Gute glaubt, auch wenn es anders genannt wird.

Liebe

Da ich ein sehr emotionaler Mensch bin, liebe ich viele Menschen.
Besonders meinen Mann, meine Kinder und meine Familie.

So wie ich bin, berühre ich oft Menschen im Herzen und bin sehr
dankbar für diese liebende Gabe.

Eine Freundin sang mir folgendes Lied mit engelsgleicher Stimme
vor, welches ich wunderschön finde:

Through the eyes of love you are perfect
Through the eyes of love you are free
Through the eyes of love you are innocent.
I am you and you are me!

Übersetzt:

Durch die Augen der Liebe bist du perfekt
Durch die Augen der Liebe bist du frei
Durch die Augen der Liebe bist du unschuldig.
Ich bin ein Teil von dir und du ein Teil von mir!

Lieben Sie erst einmal sich selbst mit allen Fehlern!

Und das Gute in vielen Menschen.

Lieben Sie sich selbst!

Lieben Sie alle anderen Menschen!

Lieben Sie jede Lebenssituation!

Lieben Sie einfach!

Man braucht weder schön, reich noch intelligent zu sein.
Man sollte nur seine Liebe zu den Menschen leben,
dann lieben einen viele Menschen auch.

Trennung

Menschen, die sich einst geliebt haben, trennen sich. Diesen Umstand wird es auch in der Zukunft immer wieder geben. Jeder hat dann die Chance, einen neuen Partner oder Liebenden zu finden und glücklicher als kurz vor der Trennung zu leben. Liebende Partner haben eine gemeinsame liebende Energie, die für immer fortbesteht, ob die Liebe fortgeführt wird oder nicht.

Diese Form der Energie bleibt für immer und ewig bestehen.

Menschen denken oft während einer Trennungsphase gar nicht mehr daran, was sie an dem Partner so liebten. Machen Sie sich doch gerade jetzt bewusst, was Sie an Ihrem Mann oder an Ihrer Frau so mochten. Der Mensch ist genau der gleiche und viele Dinge waren schön. Der scheidende Partner ist sicherlich ein ganz besonderer Mensch; seien Sie einfach dankbar für die schöne Zeit. Auch wenn es schwer fällt, wünschen Sie dem anderen viel Glück.

Dies ist Ihre Fahrkarte ins Glück.

Sie können jetzt noch gar nicht wissen, warum diese Trennung für Sie besonders wertvoll ist.

 Egal, was ist, vertrauen Sie darauf,
dass es die Schöpfung gut mit Ihnen meint
und jede Form der Erfahrung gut für Sie ist.

Würde

Jeder Mensch hat eine unantastbare Würde.

Dies sollten Sie nie vergessen. Egal, was Menschen zu Ihnen sagen, ob sie Sie verurteilen wegen Ihres Verhaltens, Ihrer Denkweise, unabhängig davon, was Sie getan haben.

Die Würde und der Wert eines jeden Menschen sind bei der Geburt, im Leben und während des Sterbens gleichwertig. Ob Sie während Ihres Lebens als Bürgermeister, Reinigungskraft oder Künstler gearbeitet haben, die Würde eines Menschen bleibt unantastbar.

Egal was geschieht,
die Würde eines Menschen
ist unantastbar.

Ängste

Ab und zu haben Menschen Ängste, vor sich selbst, vor anderen usw.

Wenn man weiß, dass man alle Fähigkeiten und Talente von der Schöpfung erhalten hat, dann kann man doch eigentlich der Schöpfung und sich selbst vertrauen. Dann ist die Angst vor dem eigenen Unvermögen völlig unbegründet.

Ängste vor anderen Menschen:

Wenn man sich seinen eigenen, besonderen Wert bewusst macht, braucht man sich vor anderen Menschen nicht zu ängstigen. Es gibt keine Konkurrenz in der Liebe, im Beruf und im Leben, wenn man seinen eigenen Weg geht.

Ängste vor Mangel:

Wir leben in Deutschland in solch einer Fülle und machen uns dies viel zu selten bewusst. Verwandeln Sie Ihre Ängste in Mut! Trauen Sie sich selbst doch einfach einmal mehr zu. Beginnen Sie einfach einmal! Es wird nie eine hundertprozentige Sicherheit geben. Ängste und Sorgen gehören vergangenen Zeiten an. Gehen Sie doch einfach den ersten kleinen Schritt, dann wird automatisch ein zweiter und dritter folgen. Planungen, die im Sand verlaufen, sind Zeitverschwendung.

Angst wird Mut!

Kinder

Kinder sind das wertvollste Gut im Universum.

Bei genauem Hinsehen sieht man, dass es Engel sind.
Sie sind höchst sensibel und medial begabt.
Kinder sind das Schönste und Reinste auf diesem Planeten.
Unsere Kinder sind unsere Zukunft.

Kinder brauchen, unabhängig davon, in welchem Zeitalter wir
leben, Liebe und Vertrauen in die eigenen Fähigkeiten, in die
Familie, in die Schöpfung.

Kinder kommen als Engel in völliger Reinheit in diese Welt.
Es liegt an uns und unserer Umwelt, wenn Kinder sich nicht so
verhalten, wie sie sollen.

Kinder sind das wichtigste Kapital unseres Planeten. Jedes Kind
hat den gleichen Wert, egal, ob krank oder gesund geboren.
Kinder dürfen nicht nach ihren Leistungen bewertet werden
und auch nicht nach ihren Vergehen.

Sehen Sie die Fähigkeiten, die ein Kind entwickeln kann. In der Summe können alle Menschenkinder alles gleich gut. Bewerten Sie Kinder nicht nur in einer Disziplin und schon gar nicht nach den Leistungen in der Schule. Denn diese Bewertung hat nichts mit dem zukünftigen Werdegang eines Kindes zu tun. Kinder haben die Fähigkeit, Dinge zu sehen, die für uns Erwachsene nicht mehr zu sehen sind. Fragen Sie doch einfach einmal Ihre Kinder, wenn Sie etwas wissen wollen, was Ihnen am Herzen liegt.

 Handeln Sie so,
dass es Ihren Kindern und Kindeskindern
auf diesem Planeten gut geht.

Eltern

Eltern tun alles, was in ihrer Macht steht, für ihre Kinder.

Lieben Sie Ihre Eltern dafür.

Egal, ob Sie mit dem „alles" zufrieden waren oder nicht.

Ich liebe meine Eltern sehr und weiß, sie schenkten mir 100 % ihrer Liebe und Energie und alles, was sie zur Verfügung hatten. (Glauben Sie ja nicht, dass ich als Kind so dachte.)

Menschenkinder (auch ich) suchen sich die Eltern so heraus, dass sie sich in der Persönlichkeit entwickeln können, um alle Fähigkeiten zu vervollkommnen, um das eigene gewählte Lebensziel zu erreichen. So danke ich meinen Eltern und der Schöpfung, dass ich in meiner Kindheit die Lernprozesse erhielt, die mich heute zu der Persönlichkeit machen, die ich bin.

Egal, was ist.

Egal, was war.

Egal, was sein wird:

Ihre Eltern lieben Sie, ob Sie das glauben oder nicht!

Egal, ob Sie Ihre Eltern kennen oder nicht.

Egal, ob Sie als Kind so empfanden oder nicht.

 Eltern tun alles für ihre Kinder!

Gefühle

Alle Menschen haben gleichviel Gefühl

Manche können es zeigen, manche nicht, manche Menschen
glauben, sie leben besser, wenn sie ihre wahren Gefühle nicht
zeigen, sie meinen sie schützen sich damit. Aber sie distanzieren
sich auch immer weiter von sich selbst und ihrer Umwelt.
Am Ende kennen sie sich selbst und ihre Umwelt gar nicht mehr.
Es ist sehr wichtig, zu seinen Gefühlen zu stehen.

Gefühle sind das Ehrlichste dieser Welt. Im Einschätzen unserer
eigenen Gefühle und den Gefühlen der Menschen, die uns umgehen, wird es erhebliche Fortschritte geben. Fühlen Sie einfach
öfter in sich hinein, dann gelingen Ihnen viele Dinge leichter und
Sie leben bewusster.

Lassen Sie negative Gefühle hinter sich. Sie schaden nur sich
und Ihrer Gesundheit, selbst wenn Sie in der Sache recht haben.
Denken Sie an das Gedicht, in dem steht: Durch die Augen der
Liebe bist du unschuldig!

Konzentrieren Sie sich
auf die positiven Gefühle!

Dankbar

Seien Sie für alles, alles dankbar.

Verletzungen

Es passiert immer wieder in diesem Universum, dass Menschen unabsichtlich Ihre Gefühle verletzen. Dies tut einem dann ganz fürchterlich weh. Besonders schmerzlich ist dies, wenn der andere Mensch einem nahe steht. Ich weine dann immer. In meiner Trauer finde ich dann diese Situation ganz furchtbar.

Wenn diese Schöpfung nur gut ist, dann überlegen Sie sich doch mal, warum das gerade passiert?

Das Universum kommuniziert mit Ihnen, Sie haben jetzt die Chance, sich zu entwickeln und einen erheblichen Lernprozess zu bewältigen. Glauben Sie bloß nicht, dass ich in einem solchen Moment sofort glücklich bin und alles verstehe. Für manche Situationen braucht man Tage, Monate, für manche sogar Jahre; manche Menschen können an einer Sache ein ganzes Leben knabbern.

Aber wenn Sie sich einfach mal fragen:

Wofür war es gut?
Warum ist es mir passiert?
Was habe ich daraus gelernt?

Genau dann werden Sie feststellen, dass es immer gut war,
für Sie und Ihre Persönlichkeit.

Obwohl ich mir dieses oder jenes Leid
nie wünschte,
nie bestellte,
nie ersehnte,
war es immer gut für mich!

Meine Persönlichkeit, meine innere Kraft, meine innere Reife
und Liebe haben sich aus den schwierigen Situationen in
meinem Leben entwickelt.

An dieser Stelle möchte ich allen Menschen danken, die es in
diesem Leben auf sich genommen haben, diese unangenehme
Rolle zu übernehmen, mich und meine Gefühle zu verletzen.

Vielen Dank für diese Chance! Es gibt in diesem Universum keine Schuld. Oft erhalten Menschen, die andere verletzen, auch einen Lernprozess für ihren Entwicklungsstand. Sicherlich habe ich auch Menschen verletzt, Menschen, die mir wichtig waren.

Entschuldigung!

Aber an dieser Stelle habe ich einfach diese unangenehme Rolle übernommen und zum Lernprozess anderer beigetragen.

Im Nachhinein betrachtet erkennt man, dass alles so gewollt war und letztendlich alles, was war, gut für uns war.

Wenn wir Menschen diesen Baustein verstanden haben, dann wird vieles im Leben leichter und schöner und wir leisten einen wesentlichen Beitrag für eine schönere Welt.

 Jede nicht gewünschte Verletzung ist eine Chance, die zu unserer Höherführung beiträgt.

Neid, Missgunst, Eifersucht

Dies sind alles extrem negative Gefühle. Wenn wir merken, dass diese Gefühle nur im Ansatz bei uns auftreten, sollten bei uns allen sofort rote Warnlichter aufblinken!

Denn wir schaden nur uns selbst!
Wir tun unserm Körper nichts Gutes.
Wir tun unserer Energie nichts Gutes.
Wir tun unserer Gesundheit nichts Gutes.
Wir tun unserer Seele nichts Gutes.

Machen Sie sich das bewusst!

Falls Ihr Nachbar, den Sie schon immer „doof" fanden, sich Ihr Traumauto gekauft hat, das Sie unheimlich toll finden, aber Ihrer Meinung nach sich in diesem Leben nie leisten können, dann......

freuen Sie sich einfach für ihn.

Jetzt denken Sie wirklich, ich verlange zu viel von Ihnen?

Nein, das kann man von einem Menschen nicht verlangen. Wahrscheinlich hat er das Geld geerbt oder mit nicht seriösem Geld gekauft.

Ja, genau!

Sie haben die Wahl zwischen

1. sich jeden Morgen ärgern,
   und voller Neid an der Garage vorbeifahren,

2. sich einfach für Ihren Nachbarn freuen.
   Sagen Sie ihm doch mal, wie schön Sie das Auto finden,
   dass er einen besonders guten Geschmack hat!

Respekt!

Bei der zweiten Möglichkeit versichere ich Ihnen, dass Sie sich
wahrscheinlich wie durch Zufall bald die Luxusversion dieses
Modells kaufen können.

Sie konzentrieren sich einfach
auf die guten Gefühle
und werden sicherlich
vom Universum belohnt.

Schuld

Geben Sie sich selbst und anderen nie Schuld!

Verharren Sie nie in einem Schuldgefühl. Das bringt Ihrer
Zukunft gar nichts. Es blockiert und verstopft Ihre Intuition.
Wenn Sie sich wegen einer Sache schuldig fühlen, Ihr Verhalten
schlecht fanden, dann haben Sie doch einfach den Mut, zu der
beteiligten Person zu gehen und zu sagen:

Es tut mir leid.

Ich habe einen Fehler gemacht.

Entschuldigung, ich habe darüber nachgedacht...

Es tut mir wirklich leid.

Was meinen Sie? Probieren Sie es doch!

Vielleicht hat die beteiligte Person auch das eine oder andere
eingesehen?

Löschen Sie Ihr Schuldgefühl! In diesem Universum gibt es
keine Schuld.

Wenn Sie jemanden beschuldigen, weil er/sie/es dies oder jenes getan hat.....

dann schaden Sie sich mit diesen negativen Gefühlen.

Tun Sie sich und den anderen einen Gefallen und verzeihen Sie einfach und meinen Sie dies aus tiefstem Herzen ganz ehrlich.

Denken Sie daran, dass er/sie/es in dem jeweiligen Entwicklungsstand seines/ihres Lebens das Verhalten nicht besser hinbekommen hat als so zu handeln.

Es war vielleicht einfach gut für die beteiligten Personen und so hatten beide Seiten zu lernen aber jetzt ist Schluss damit!

Körper

Mein Körper ist nur die Hülle, in dem die Seele wohnt. Jeder Körper ist schön, so wie ihn die Schöpfung erschaffen hat.

Meinen Körper brauche ich ein Leben lang. Deswegen muss ich gut mit ihm umgehen. Gute Nahrung ist besonders wichtig für mich, damit ich eine gute Leistung erbringen kann. Ich habe extrem viel Energie, weil das Zusammenspiel von Körper, Geist und Seele gut funktioniert.

Ich bin der Schöpfung sehr dankbar für meinen gesunden Körper. Mein Körper braucht ab und zu Ruhe, damit Geist und Seele auch Ruhe haben. In der Zukunft werden wir unseren Körper im jeweiligen Leben noch länger behalten.

Nach und nach werden wir erkennen,
dass viele Dinge des Körpers
nur eine Illusion sind, die wir uns nur einreden.

Nahrung

Gute Nahrung gibt Energie und gute Laune!

Wenn dem Körper gute Nahrung zugeführt wird, läuft der Körper
„wie geschmiert" und man hat unendlich Energie.

Wichtig ist, dass Sie sich bewusst sind, was Sie essen.

Unsere Lebensmittelindustrie lässt uns glauben, wir vertilgen einen
Joghurt mit Erdbeergeschmack, jedoch sind die vermeintlichen Erdbeer-
stückchen Baumrinde aus Australien. Ist das eigentlich natürlich? Nein,
wirklich nicht. Hier sollten wir wieder zu unserer Basis zurückkehren.
Bio-Lebensmittel sind heute für viele Familien zu teuer. Ich wunsche
mir, dass es bald für alle Menschen möglich ist, natürliche Lebensmittel
zu nutzen und dass künstliche gar nicht mehr produziert werden.

Wenn wir es schaffen, hier wieder mehr zur Natur zurückzukehren,
tun wir Erhebliches für

unseren Körper,
unsere Tiere,
unsere Umwelt.

Unser Körper weiß genau, was ihm gut tut, wir müssen nur auf ihn hören.

Hören Sie auf Ihren Körper
und auf das, was er sich wünscht.

Schönheit

Wahre Schönheit kommt von innen.

Wir beschäftigen uns immer mit der äußeren Schönheit. Trends, Klamotten und Mode. Dies ist alles schön und gut. Jeder Mensch sieht heute, wenn er will, attraktiv aus. Jedoch hat dies nichts mit wahrer Schönheit zu tun. Wahre Schönheit hat jeder Mensch in seinen Augen. Noch nie habe ich einen Menschen gesehen, der keine schönen Augen hat.

Augen sind für mich die Fenster der Seele.

Jeder Mensch ist schön. Jeder auf seine Art.

Der Geschmack und die Definition, was schön ist, sind glücklicherweise verschieden. Dünne, normale und dicke Körper sind schön. Blonde, rote, braune und schwarze Haare sind schön. Es gibt alles in diesem Universum, für jeden Geschmack ist etwas anderes schön und das ist gut so.

Wichtig ist, dass Sie sich selbst schön finden und das ist für Sie selbst wichtig, dann finden Sie andere auch schön.

Nehmen Sie sich selbst als schön wahr,
egal, ob Sie dick oder dünn sind,
egal, welche Haarfarbe Sie haben,
genauso sind Sie gewollt und schön.

Oft beschränken wir uns in unseren gedanklichen Möglichkeiten. Wir glauben: „Wer schön ist, kann nicht schlau sein." Dies sind völlig veraltete Denkweisen aus dem letzten Jahrtausend. In meinem Umfeld kenne ich viele Menschen, die schön und intelligent sind und viel Herz haben.

Achten Sie darauf,
dass Sie im Inneren Ihres Herzens
schön und rein sind.

Hunger

Alle Kinder und Erwachsenen,
egal, auf welchem Kontinent sie leben,
sollen nicht an Hunger leiden.

Alle Kinder und Erwachsenen,
egal, auf welchem Kontinent sie leben,
sollen nicht unter ihrer eigenen Völlerei leiden.

Kommerz

Viele Menschen erfreuen sich an neu gekaufter Ware. Ein tolles Auto, neue Mode, die beste Kosmetik, ein soeben gebuchter Traumurlaub.

Das ist alles schön und gut, das kurbelt die Wirtschaft und den Handel an. Daran gibt es überhaupt nichts auszusetzen, damit schafft man Arbeitsplätze.

Erfreuen Sie sich an diesen schönen Dingen, die Sie sich leisten können!

Jedoch kann das Schönste und Teuerste (z. B. Auto) Ihnen kein tiefes, wahres Glück bescheren.

Das wahre Glück gibt es im Inneren, zapfen Sie diese Quelle doch einfach völlig kostenfrei an!

Ein schickes Auto ist umso schöner,
wenn glückliche Menschen es fahren!

Arbeit, Berufung

Jede Form der Arbeit ist gleich viel wert, wichtig ist die Emotion und Hingabe, mit der die Arbeit verrichtet wird. Ein Firmenchef, der ungern in die Arbeit geht, wird weder Spaß noch Freude finden, genauso empfinden seine Mitarbeiter. Der Erfolg wird ihm dann auch nicht nachlaufen.

Wenn jeder jede Form der Arbeit schätzt und respektiert, dann erfährt jeder Mensch die Würde und Anerkennung, um seine Arbeit auch gut zu verrichten. Das Leben ist auch zu kurz, als dass wir unser schönes Leben erst nach der Arbeit (18:00 Uhr) beginnen.

Jeder Mensch kann irgendetwas gut.

Finden Sie heraus, was es bei Ihnen ist
und machen Sie es zu Ihrem Beruf.
Wenn Sie Ihre Arbeit mit Hingabe verrichten,
wenn Sie sich in Ihrer Arbeit entfalten,
Ihre Persönlichkeit ausleben und entwickeln,
dann werden Sie erfolgreich und glücklich sein!

Mich beeindrucken z. B.:

mein Schreiner, der mir meinen Schreibtisch, auf dem ich schreibe, entwarf,

mein Lieblingskoch, dessen Augen strahlen, wenn er mir vom Kochen erzählt,

mein Ehemann, dessen Augen strahlen, wenn er mir von seiner Arbeit und seinen Mitarbeitern und seinen Visionen erzählt

meine Lieblingsmetzgerin, die mir ein schönes Stück Fleisch mit einem Lächeln präsentiert.

Jede Form von Berufung bringt positive Energie,
jede Form von unmotiviertem Zeitabsitzen ist ungesund.

Ich arbeite heute nicht für Geld, sondern weil ich es wirklich gerne tue.

Wenn ich morgens beim Begrüßen das nette und ehrliche
Lächeln meiner Mitarbeiter sehe,

wenn ich sie ihre guten Ideen entwickeln sehe,

wenn ich sehe, wie gut sie ihren Job machen,

wenn ich sie beobachte und sehe, wie gut das Team ist
und wie sie Spaß miteinander haben,

weil sie gerne eine gute Leistung erbringen,

dann erfüllt mich das mit unglaublichem Stolz.

 Unsere Arbeit
soll unsere Berufung sein.

Jugendliche und ihre Berufung

Im Alter von ca. 18 Jahren sah ich oft, was meine Freunde und
Freundinnen richtig gut konnten. Ich hatte schon von klein
an die Gabe zu sehen, was andere für Fähigkeiten und Talente
haben, und habe diese respektiert.

Eine Freundin von mir konnte schon immer gut malen, natürlich
arbeitet sie heute als Künstlerin. Im Einschätzen meiner eigenen
Fähigkeiten war ich aber umso schlechter in meiner Jugend.
Das geht vielen Jugendlichen so, ganz klar, warum:
weil die Dinge, die einem leicht fallen nichts Besonderes sind.

Ich war seit dem Gymnasium immer Klassensprecherin und
konnte schon mit 11 Jahren gut und souverän vor einer Gruppe
sprechen und diese organisieren. Da mir dies leicht fiel, empfand
ich nie, dass dies etwas Besonderes ist. „Das kann doch jeder"
dachte ich.

Helfen Sie doch Jugendlichen
bei der Auswahl und Entwicklung
ihrer Talente!

Schule und Bildung

Schule und Bildung in Deutschland sind kostenlos und dafür sind sie richtig gut.

Nach unserem Grundgesetz soll „Erziehung und Schule mit Herz und Verstand erfolgen".

Der Inhalt des Lehrplans in Deutschland bleibt diskussionswürdig. Wenn ich an meine Schulzeit zurückdenke, muss ich gestehen, dass ich selten gerne in die Schule ging. Wahrscheinlich lag es an meiner minimalistischen Einstellung und daran, dass ich nicht immer den wirklichen Sinn in dem einen oder anderen Fach sah.

Hier wird sich die Schule immer weiterentwickeln. Es werden mehr fachliche Inhalte, auf die man verzichten kann, durch das Erlernen sozialer Verhaltensweisen ersetzt. Auch zielorientiertes Vorgehen und Kommunikationsfähigkeiten, die heute noch nicht genutzt werden, können in der Schule gelernt werden.

Auch der Respekt, den Schüler und Eltern Lehrern entgegen-
bringen, wird auf 100 % hochgefahren. Lehrer haben nun auch
mehr Respekt und Herz für den einzelnen Schüler. Da alle nun
verstehen, wie abhängig sie im Positiven voneinander sind,
geben alle ihr Bestes und sind hochmotiviert.

Da der Beruf des Lehrers nicht immer einfach ist, diese Berufs-
gruppe aber eine sehr anstrengende und verantwortungsvolle
Aufgabe innehat, erhalten sie besondere Entspannungspausen
und mentale Unterstützung und immer wieder motivierende
Schulungen, bei denen sie ihre Energie positiv aufladen können.

 Eine Weiterentwicklung fachlicher
und persönlicher Fähigkeiten wird
kontinuierlich fortgesetzt.

Wahre Liebe

Wahre Liebe ist die Form der Liebe, die einen mit dem Menschen verbindet, mit dem man auch körperliche Liebe teilt. Hier ist nur eines wichtig und das ist das innere Gefühl. Jede Form von Verstand ist hier fehl am Platz. Jede Form von Ego und Besitz ist hier völlig fehl am Platz.

- Wahre Liebe muss frei fließen können.

- Bei wahrer Liebe gibt es keine Konkurrenz und keine Eifersucht.

- Wahre Liebe lässt den Partner in Freiheit leben und trägt dazu bei, dass der liebende Partner zu seiner wahren Größe heranwachsen kann.

- Wahre Liebe kennt die Fehler, die Schwächen und Makel des anderen und liebt diese genauso.

- Wahre Liebe lässt die Menschen ihr Leben glücklich entfalten.

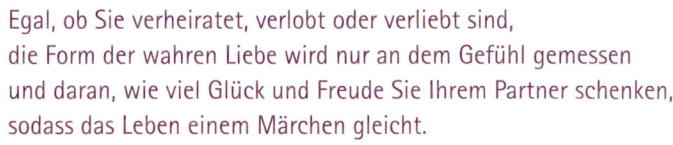 Egal, ob Sie verheiratet, verlobt oder verliebt sind, die Form der wahren Liebe wird nur an dem Gefühl gemessen und daran, wie viel Glück und Freude Sie Ihrem Partner schenken, sodass das Leben einem Märchen gleicht.

Hellsehen

Viele Menschen in meinem Umfeld glauben, ich könnte hellsehen.

Was jeder Mensch kann, wenn er will, ist sich mit dem Positiven (Göttlichen) in anderen Menschen zu verbinden. In meinem Umfeld sehe ich Menschen, die ein unglaubliches Potential haben, um mehr aus ihrem Leben zu machen. Ich wünsche mir, sie könnten das Potential, das sie haben, nutzen, um erfolgreicher und glücklicher zu leben oder einfach mit mehr Leichtigkeit.

Offensichtlich haben viele Menschen nicht den Mut, die eigene Größe wahrzunehmen und zu leben. Haben Sie keine Angst, die Komfortzone zu verlassen und werden Sie sich Ihrer positiven Eigenschaften bewusst. Sehen Sie Ihr Können, ohne Angst vor dem Versagen. Sehen Sie auch das Besondere Ihrer Mitmenschen, ihre positiven Fähigkeiten und bieten Sie Chancen, dass diese auch gelebt werden können.

Helfen Sie Menschen
bei ihrer Entwicklung ins Licht!

Dunkelseher

Leider gibt es noch einige wenige Dunkelseher.

Dies sind Menschen, die in anderen Menschen nur die
größtmögliche dunkle Seite sehen. Halten Sie sich von
diesen Menschen fern und beten Sie, dass diese Menschen
sich verändern. Meiden Sie Ihren eigenen Verlust von
positiver Energie.

Schenken Sie diesen Menschen in
Gedanken Liebe, vielleicht hilft es
ein bisschen, jedoch kann eine Veränderung
dieser Menschen nur durch deren eigene
innere Kraft hervorgerufen werden.

Intuition

Jeder Mensch hat eine gute Verbindung nach oben.

Ich sehe uns Menschen auf der Erde, die wir alle einen Kanal
oder eine Art unsichtbares Rohr nach oben besitzen.
Dadurch haben wir ein Gefühl, eine innere Stimme oder Bilder
in unseren Gedanken, was wir tun sollen und was nicht. Da ich,
wenn ich meine Intuition nutze, immer besser bin, als wenn ich
meine Entscheidung mit Hilfe meines Verstands fälle, habe ich
unendliches Vertrauen in meine Intuition, da sie mir schon oft
bewiesen hat, dass ich mich auf sie verlassen kann.

Oft glauben Menschen mit viel Ratio, sie hätten keine Intuition
oder würden sie nicht nutzen. Jeder Mensch hat diesen Kanal,
manche nutzen ihn jedoch nicht. Erfolgreiche Menschen setzen
„das Rohr" oft unbewusst ein und erhalten oft blitzschnelle
Impulse, die rein intuitiv sind.

Viele Menschen haben wahrlich eine Art „verstopftes Rohr".

Zu viel Stress, zu viel Druck, zu viele Sorgen und Ängste
blockieren diesen Kanal. So gibt es kein ehrliches Verhältnis
zum eigenen Ich oder zu den eigenen Gefühlen.

Achten Sie darauf, dass Sie eine gute,
reine Verbindung nach oben haben.
Das Universum kommuniziert öfter mit uns,
als wir glauben.

Entgeisterung

**Entgeisterung bedeutet soviel wie einen guten Geist
verloren zu haben.**

Wenn man Menschen in die Augen schaut und jedes Licht
und Leuchten aus den Augen entwichen ist, hat man nur noch
eine menschliche Hülle vor sich. Diese Menschen haben ihren
guten Geist verloren. Sie sind und waren sich selbst nicht treu.
Sie funktionieren nur noch für andere, lassen sich von ihrem
Umfeld manipulieren und für deren Ziele einsetzen.

Der gute Geist ist entwichen und wollte nicht mehr in diesem
Körper bleiben. Bleibt zu hoffen, dass man wieder zu sich selbst
kommt. Manchmal geschieht dies durch schwierige Situationen
und der gute Geist fühlt sich wieder wohl in diesem Körper.

Keine Angst, man wird immer wieder
vom Universum angestupst,
sodass der gute Geist wieder zurückfindet.

Gedankenmonster

Oft beschränken wir uns in unserer eigenen Freiheit, in unserem eigenen Vorwärtskommen, in unserem Ausleben und unserer Entfaltung unseres Könnens. Wir glauben, unser von uns selbst gewünschtes Ziel ist nicht möglich oder nicht erreichbar, weil-
...

Ausreden, nichts als Ausreden. Wir reden uns unsere Ausreden so gut ein, bis wir felsenfest davon überzeugt sind, dass wir in dieser Situation gefangen sind und keine andere Möglichkeit besteht, unser Ziel zu erreichen. Wir erschaffen uns unser eigenes gedankliches Gefängnis oder Gedankenmonster.

Suchen Sie nach gedanklichen Möglichkeiten, wie Sie Ihre Ziele und Wünsche erreichen können. Erheben Sie sich über Ihre gedanklichen Beschränkungen und glauben Sie fest daran, dass Sie alles, was Sie wirklich realisieren wollen, auch können.

Wenn der eine Weg nicht funktioniert, um das Erwünschte zu erreichen, dann wird sich ein zweiter Weg auftun, wenn Sie und Ihre Gedanken davon überzeugt sind.

Erhöhen Sie die Absicht auf 100 %, dass alles, was Sie wollen, zu realisieren ist und Sie nicht in Ihrer Freiheit und Aktion beschränkt sind. Andere Menschen und äußere Umstände sind auch keine Ausrede!

Äußere Umstände

Es gibt keine Ausrede für das Nichtglücklichsein.

Es gibt keine Ausrede, das von sich selbst gelebte Wunschleben nicht zu leben.

Es gibt keine Schuld von anderen Menschen, die einen dazu veranlassen, dies oder jenes zu tun.

Es gibt keine Beschränkungen in unserer Freiheit.

Es gibt keinen Grund, warum wir es nicht verdient haben, unsere Träume, Wünsche und Sehnsüchte zu verwirklichen.

Es gibt auch keine äußeren Umstände, die uns langfristig von unserem Ziel abhalten sollten.

Falls wir mit den äußeren Umständen in unserem Leben nicht zufrieden sind, liegt es an uns selbst, etwas zu verändern. Die Umstände, die wir in unserem Leben vorfinden, haben wir gewählt; so liegt es an unserer inneren Kraft, unserem Mut und unseren Überzeugungen, diese wieder in die richtigen Bahnen zu lenken.

Wählen Sie ganz bewusst
mit Ihrer inneren Quelle und Gedankenkraft
die äußeren Umstände Ihres Lebens!

Weisheiten

Wir vergessen im Alltag,
was richtig und wichtig für uns ist.

 Wir sind alle weise.

Politik

Das Besondere an dieser Branche ist, dass sie ein unglaublich hohes Entwicklungspotential hat.

Hier haben die meisten Menschen, die in dieser Branche arbeiten, ihr eigentliches Ziel vergessen.

Politiker oder in der Politik Arbeitende sind ständig damit beschäftigt, ob sie und die Partei wieder gewählt werden und wie man mehr Wählerstimmen erhält. Die eigene Ethik, die verantwortungsvolle Aufgabe, die sie tragen, um die Interessen und Bedürfnisse der Menschen zu erfüllen, scheint vergessen. Entscheidungen für das Volk werden nicht mehr nach dem Prinzip „Was macht Sinn" getroffen.

Diese Einstellungen werden bald der Vergangenheit angehören!

Es werden Vertreter des Volkes gewählt, die die Interessen aller Menschen, ob reich oder arm, vertreten, die die Bedürfnisse aller Berufssparten und Menschen bedenken.

Politik soll das Wohl aller Menschen verwirklichen.
Es wird keine Parteien, sondern verschiedene Philosophien geben, die sich gegenseitig stützen und zusammen das Gleiche verfolgen.

Wirtschaftsunternehmen und Firmen

In unserer neuen Zeit werden nur die Firmen wirtschaftlich erfolgreich sein, die ethisch agieren. Firmen, die mit ihren Mitarbeitern sorgsam umgehen, legen deren menschliches Wohlergehen immer in den Mittelpunkt. Dann erhalten Unternehmen auch die 100%ige Motivation und Loyalität ihrer Mitarbeiter. Ihr Arbeitseinsatz kommt von innen und sie quälen sich auch nicht nur in die Arbeit, damit sie am Ende des Monats ihre Bezahlung erhalten. Firmen können Kunden nur noch langfristig halten, wenn sie ethisch mit den Menschen umgehen.

Kunden merken immer schneller, ob sie einer Firma oder Marke trauen können, und zahlen lieber ein bisschen mehr, werden dadurch aber nicht enttäuscht, sondern wissen, welche Firmen / Marken ehrlich und fair agieren.

Der Kunde weiß, dass er bei einem höheren Preis auch eine bessere Leistung erhält.

Dies zwingt Firmen langfristig, korrekt, fair und sozial zu agieren. Den Marken, die mehrfach Schindluder mit ihren Kunden getrieben haben, laufen die Kunden davon und sie verschwinden vom Markt. Marken / Unternehmen / Firmen werden auch schwer Lieferanten und Dienstleister finden und sich natürlich auf ihr soziales Gewissen konzentrieren.

Von diesen „guten" Unternehmen
gibt es immer mehr und irgendwann
gibt es keine schwarzen Schafe mehr.

Fußball

Fußball ist eigentlich ein Spiel mit einem runden Ball, das bei den Profis 90 Minuten dauert, und auf zwei verschiedene Tore gespielt wird.

Dennoch können aus diesen Profi-Fußballspielern wahre Helden werden. Bei einer WM kann sich hier auch plötzlich die ganze Welt einigen.

Männer und Frauen können ihre Emotionen ausleben. Und selbst wir Deutschen können öffentlich unseren Nationalstolz zeigen.

Für mich war das Sommermärchen 2006 wichtig, weil meine Kinder seitdem stolz sein dürfen, dass sie Deutsche sind.

Viele Gäste aus aller Welt haben z. B. in Berlin gemerkt, wie gastfreundlich und positiv dieses Land ist.

Vielen Dank an die Nationalmannschaft, der Beitrag war für uns viel mehr als nur Fußballspielen.

Wahre Helden für unsere Nation!

Fußball mit Kindern

Wenn ich mit meinen Kindern Fußball spiele, habe ich ein Gefühl, das Raum und Zeit vergessen lässt. Das Schöne an diesem Sport oder Freizeitvergnügen ist, dass man nur einen Ball braucht. An einem nahegelegenen Spielplatz ist ein Fußballfeld; dort treffen sich Erwachsene und Kinder und spielen, ohne sich zu kennen, zusammen Fußball.

Manchmal sprechen sie noch nicht einmal die gleiche Sprache, aber Fußball kennt keine Grenzen. Fußball ist pure Emotion für mich und ein unglaublicher Spaß. Für meine Söhne und meinen Mann ist Fußball immer auch lustig und es ist entscheidend, dass sie gewinnen.

Kinder spielen selten, ohne sich zu kennen, so schnell miteinander wie beim Fußballspiel.

Es sind die Emotionen, die Menschen verbinden.

Ziele

Was ist Ihr momentan größtes Ziel?

Ziele sollen fokussiert werden und sind sie einmal auserkoren,
dann sollen sie auch angestrebt und erreicht und wiederum neue
Ziele definiert werden. Ziele sollen nicht nur im geschäftlichen
Bereich überdacht werden, sondern auch im persönlichen und
privaten Bereich. Durch das Definieren privater und persönlicher
Ziele entwickelt man sich stark.

Überprüfen Sie, ob Ihre Ziele ethisch korrekt sind und ob Sie auch
wirklich dahinter stehen, denn dann erreichen Sie diese auch. Ich
glaube, man kann alles erreichen, was man will. Selbst bei unseren
Kindern arbeiten wir mit Zielen und visualisieren diese.

Oft empfinde ich, dass der Weg das Ziel ist und hier die eigentliche
Weiterentwicklung erworben wird.

Kein Ziel ist es wert, unlautere Mittel zu verwenden und unfair zu agieren. Erreicht man ein Ziel nur durch Betrug, hat man es nicht wirklich erreicht.

Überprüfen Sie ab und zu, wie wichtig Ihre Ziele noch sind und ob Ihr Verhalten und Ihre Aktionen noch zielführend sind oder ob Sie schon vom Weg zum Ziel abgekommen sind. Ruhen Sie sich nicht auf erreichten Zielen aus, sondern stecken Sie sich neue motivierende Ziele.

Eltern und Erziehung

Nach der Geburt brauchen Babies unendlich viel Nähe, Liebe und Körperwärme. Mein Kinderarzt erklärte mir, wenn ich die Zeit habe, sollte ich das Kind verwöhnen, tragen, halten, soviel sich mein Baby und ich das wünschen. Dies tat ich auch und habe selten Phasen in meinem Leben so genossen wie diese Zeit.

Dann kommen die netten Kleinkindjahre mit einigen Trotzanfällen. Im Alter von ca. 6 Jahren fing dann für uns als Eltern die etwas schwierige Erziehung an. Eine Lehrerin erklärte mir, dass es ganz normal ist, dass jedes Kind seine Grenzen auslotet. Kinder sind nicht gemein oder böse, sie wollen einen auch nicht absichtlich ärgern, sondern das ist ein Prozess, der zu ihrer Entwicklungsphase und Selbstfindung gehört.

Wichtig ist, wie wir Erwachsenen darauf reagieren und welche Erfahrungen unsere Kinder dabei machen.

Können wir unseren Kindern folgende Gefühle vermitteln?

1. Können wir unseren Kindern trotz aller Erziehung vermitteln, dass wir sie lieben?
2. Haben sie das Gefühl, egal, was sie tun, die Eltern stehen hinter ihnen?
3. Vermitteln wir ihnen, was richtig und wichtig ist im Leben?
4. Leben wir in unserem Leben den Kindern das vor, dann brauchen wir in Worten nicht predigen, was sie zu tun und zu lassen haben!

5. Fehler machen gehört zum Großwerden dazu!
6. Das Leben ist schön und wir dürfen eine Leistung erbringen und unser Leben genießen.
7. Wissen und spüren unsere Kinder den Wert unserer Familie, und dass wir uns gegenseitig haben und lieben?
8. Nehmen wir unsere Kinder so an, wie sie sind und verleihen wir unseren Kindern die Motivation für das Leben?
9. Erklären wir unseren Kindern, dass jedes Kind etwas Besonderes ist, so wie es ist?

Jedes Kind kann irgendetwas gut.

Jedes Kind ist wundervoll.

Jedes Kind zeigt uns Erwachsenen die Grenzen auf, damit wir uns weiterentwickeln können.

Jedes Kind hat auf dieser Welt das Recht glücklich zu sein.

Jedes Kind hat sich vor der Geburt entschieden, auf die Welt zu kommen und sich seine Eltern ausgesucht.

Jedes Kind ist auf dieser Welt um dieser Welt Glück, Liebe, Vertrauen und Licht zu schenken.

Meine große Liebe in diesem Leben gehört (außer meinem Mann) meinen Kindern.

Die Zeit, die ich zusammen mit meiner Familie verbringen darf, erfüllt mich mit großem Glück.

Rückenwind

Manchmal möchte man etwas erreichen oder erzielen, wobei nicht nur die eigene Leistung, sondern wobei auch eine Art äußere Kraft oder äußere Umstände benötigt werden.

Zum Beispiel war es unmöglich, das Grundstück, auf dem jetzt unser Haus steht, zu erwerben, da es im Besitz einer Erbengemeinschaft war. Die hiesige Immobilienbranche hatte schon einige Jahre versucht, das Grundstück von der Erbengemeinschaft zu bekommen. Dies gelang weder Fachleuten, noch anderen netten Menschen. Außerdem hatten die örtlichen Behörden noch einen Weg durch dieses Grundstück geplant und hatten kein gutes Verhältnis zu den Beteiligten in Bezug auf dieses wunderschöne Grundstück.

Warum auch immer, nach ca. 12 Monaten löste sich ein Punkt nach dem anderen in Wohlgefallen auf und wir durften dieses wunderschöne Grundstück kaufen.

Ich hatte permanent Rückenwind von oben, es war einfach so gewollt, dass wir dieses Naturparadies kaufen dürfen. Einige Ereignisse sind so, dass unmögliche Dinge klappen.

Die Ursache ist die innere Führung vom Schicksal. Es war so geplant. Ich habe von oben Unterstützung erhalten, es war nicht mein eigenes Können.

Wir sollen erkennen, wenn wir gerade Rückenwind haben.

Jeder Mensch erhält Unterstützung vom Universum, nutzen Sie diese, um die Aufgaben, die Sie sich in diesem Leben ausgesucht haben, zu erfüllen. Menschen, die permanent Rückenwind erhalten, erfüllen ihre Lebensaufgabe und geben anderen Menschen von diesem Wind ab. Sie unterstützen andere und teilen ihren Erfolg und ihr Glück.

 Ich bin sehr dankbar für den Rückenwind, den ich in meinem Leben erhalten habe.

Tanzen

Tanz ist der wahre Ausdruck der Gefühle, die mit dem eigenen Körper ausgedrückt werden.

Beim Tanzen ist es nicht so wichtig, wie es für andere aussieht oder ob Sie perfektionistisch Schrittfolgen beachten. Wichtig ist, dass Sie Spaß haben; wenn es schön für andere aussieht, ist es nett. Für Sie selber ist die Freude wichtig. Fühlen Sie sich frei! Haben Sie einfach Spaß! Verschmelzen Sie mit dem Takt! Lassen Sie es einfach fließen!

Genießen Sie die Freude und dass Sie lebendig sind!

 Das Leben ist ein Tanz, tanzen Sie einfach mit!

Respekt vor guter Leistung

Im Kindesalter fängt es schon an. Der eine kann dies gut,
der andere jenes.

Jeder hat eine Gabe, jeder kann irgendetwas gut.

Kindern lehrt man, dass es schön und bewundernswert ist,
wenn der Freund etwas gut kann, und man freut sich dann
auch mit den anderen und lobt andere Kinder z.B. für schön
gemalte Bilder. Man schenkt anderen Anerkennung und gönnt
den Freunden ihr Geleistetes und kann dadurch auch stolz auf
eigene Fortschritte sein.

Im Erwachsenenalter sollen wir dann genauso wie die Kinder
verfahren, wir freuen uns über den Erfolg und haben Respekt
vor guter Leistung. Ich finde es toll, wenn Freunde von uns ein
wirtschaftlich gutes Geschäftsjahr hatten, wenn sie expandieren
und auch noch Preise dafür erhalten. Ich gönne es ihnen, weil
ich weiß, wie viel Arbeit und Liebe dafür eingesetzt wurde und
habe Respekt vor ihrer Leistung.

Es rührt mich, wenn ich höre, dass fünf Förderschüler, weil sie
sich angestrengt haben und nachmittags freiwillig in die Schule
zum Büffeln gingen, den Hauptschulabschluss schafften.

Wenn eine Freundin von mir viele Aufträge akquiriert, wenn ein Freund von mir sein Jurastudium in unglaublich kurzer Zeit schafft. Ich freue mich mit für den Erfolg und das Fortkommen anderer und habe Respekt vor dem Geleisteten.

Oft frage ich dann auch: „Wie hast du das geschafft oder wie bist du an den Kunden herangekommen?"; oder ich frage meinen Lieblingskünstler, wie er auf die Idee kam. Mit großer Freude erzählen dann die Leute von ihrem Erfolg und ich liebe einfach begeisterte Augen! Gerne höre ich anderen beim Erzählen zu und merke, wie viel ich immer noch dazulernen kann.

Bei Menschen, die bekannte Firmenchefs, Tennisspieler oder Bundeskanzler sind oder einfach eine bedeutende Position für das Gemeinwohl innehaben, ist es wichtig, dass wir ihre gesamte Leistung sehen. Bedeutende Persönlichkeiten sollen, wenn sie lange Jahre Gutes geleistet haben und sicherlich zum Wohl der Gesamtheit beigetragen haben und zum Schluss nicht mehr den Anforderungen entsprochen haben, trotzdem in Würde und Ehre aus ihrem Amt gehen.

 Wir dürfen das Gute honorieren!

Leben

Ein Menschenleben beginnt mit der Geburt dieses Lebens und endet für dieses Leben mit dem Tod. Es gibt vor diesem Leben ein Leben wie auch nach diesem Leben. Zwischen den Leben auf der Erde können wir uns ausruhen und erholen. Jedes Leben ist dazu da, um unsere Seele weiterzuentwickeln und unser Menschenrecht einzuholen, nämlich einfach glücklich sein. Wir sollen uns auf die Liebe und das Gute in diesem Leben konzentrieren und dies auch selbst leben.

Jeder Beginn eines Lebens (Geburt) ist ein kleines Wunder. Am Ende des jeweiligen Lebens soll jeder seine Wünsche, seine Werte, seine Berufung, seine wahre Größe, seine Sehnsüchte, seine wahre Liebe, seine Erfahrungen und seine Lernprozesse ausgelebt haben.

In jedem Leben ist jeder ein Teil der Schöpfung.

Für jeden Moment und für jedes Leben sollen wir dankbar sein. Die Liebe, die uns die Schöpfung schenkt, sollen wir erkennen und das uns geschenkte Glück spüren und ausleben.

Tod

Als kleines Kind hatte ich Angst vor dem Tod, weil ich mir dann vorstellte, in einer dunklen Kiste unter der Erde zu liegen.

Da ich jetzt weiß, dass beim Sterben unsere Seele aufsteigt und nicht im Körper bleibt, bin ich dann ja gar nicht mehr in dieser dunklen Kiste unter der Erde.

Wir werden dann von einer uns bekannten und sehr geliebten Seele abgeholt. Viele Menschen wissen auch, von wem sie abgeholt werden. Ich werde dann von einer Frau abgeholt, mit der ich verwandt bin, und bei der ich als Kind spürte, dass uns eine große Liebe verbindet.

Wenn man selbst am Leben bleibt und von uns geliebte Menschen sterben, verspüren wir einen starken Schmerz, einen starken Verlust und eine körperliche Trennung. Dies ist ein sehr schreckliches Gefühl.

Jedoch sollen wir uns bewusst sein, dass es bei Menschen (Seelen), die wir lieben, keine Form der Trennung gibt, auch nicht nach dem Tod.

Gesunde Körper

In diesem Leben habe ich einen gesunden Körper. Meine Seele
hat sich einen gesunden Körper ausgesucht und so soll ich diese
Hülle gut behandeln und sorgsam mit dem mir geschenkten Gut
umgehen.

Gute Ernährung ist genauso wichtig wie angemessene Bewegung.
Völlerei oder 14 Stunden körperliche Arbeit sind kein respekt-
voller Umgang mit diesem wertvollen Gut.

Körper sind schön, ob sie nun schlank, mittel oder dick sind,
Hauptsache gesund. Dass Körper mit der Zeit altern, ist normal,
jedoch sind sie deswegen nicht weniger schön, Hauptsache
gesund. Gesunde Körper im fortschreitenden Alter stehen in
direktem Bezug zu der gesunden und glücklichen Seele.

Wir sollen auch dankbar für den uns geschenkten Körper sein.
Denn, wenn wir mit etwas nicht zufrieden sind, z. B. mit der
Nase, dann üben wir Kritik an der Schöpfung und sind in keiner
guten Energie.

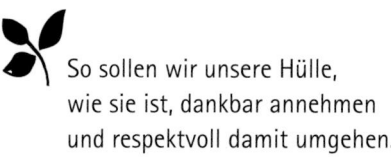
So sollen wir unsere Hülle,
wie sie ist, dankbar annehmen
und respektvoll damit umgehen.

Nicht gesunde Körper

Jemand erzählte mir, er sei mit einem Klumpfuß und einem Herzfehler geboren und er glaube, dies sei eine Art Strafe für eine vergangene Tat in einem vorhergehenden Leben.

Dies ist nicht möglich, weil man sich bewusst für diesen nicht gesunden Körper vor der Geburt entschieden hat und es auch keine Strafen für vergangene Leben gibt. Es gibt lediglich neue Chancen und selbst gewählte Erfahrungen und Lernprozesse. Es ist wichtig, diese eigene negative Sicht des nicht gesunden Körpers zu transformieren, sonst wird man das jetzige Leben mit negativen Energien belasten und kann so die wichtige Erfahrung, dass man trotz eines nicht gesunden Körpers glücklich sein kann, nicht leben.

Bei extrem ungesunden Körpern bin ich oft von Mitleid gerührt, dennoch weiß ich, dass sich eine Seele bewusst dazu entschieden hat und denke mir:

„Mutig gewählt!"

Ich empfinde Menschen mit nicht gesunden Körpern,
die diese Transformation zum Glücklichsein geschafft haben,
egal, in welchem Körper sie sich befinden,
als wahrhaft groß und etwas Besonderes.

Krankheiten

Jede vorübergehende körperliche Krankheit ist dazu da, der Seele anzuzeigen, dass eine Art Veränderung oder neue Sicht der Situation nötig ist oder sie ist eine Art Warnhinweis.

Du, da ist was nicht in Ordnung, bitte bearbeite dies!

Falls Sie eine längerfristige körperliche Krankheit, ein Leiden oder Schmerzen haben, so fragen Sie sie doch, was Sie konkret tun oder verändern müssen, damit diese Krankheit geht.

Bitte befolgen Sie Ihren inneren Rat auch!

Krankheiten sind oft
eine Art Wach-„stupsen".

Ruhe und Entspannung

In der Ruhe liegt die Kraft.

Die nötige Zeit für Ruhe und Entspannung ist wichtig, um Intuition und Impulse zu erhalten, neue Ideen zu bedenken und über sich selbst nachzudenken.

Einfach mal gar nichts tun.

Einfach mal alles loslassen.

Einfach mal still sein.

Einfach mal in der Natur spazieren gehen.

Einfach mal die Seele baumeln lassen.

Einfach mal zu sich und zu seiner inneren Ruhe kommen und genießen.

Ruhe und Entspannung und Stille
sind wichtige Phasen, um sich
mit seiner inneren Kraft zu verbinden.

Wissen und Erfahrungen aus vergangenen Leben

Alle Dinge, die so sind wie sie sind, sind zu unserem eigenen Schutz.

Wissen und Erfahrungen aus vergangenen Leben sind für unser jetziges Leben meistens gelöscht, damit Sie ohne alte Belastungen in das neue Leben treten können. Eine negative Erfahrung aus der Vergangenheit kann so nicht in das neue oder folgende Leben projiziert werden. Die Zeiten ändern und bessern sich! So ist eine Gefahr von früher heute keine mehr.

Einige Menschen können sich an vergangene Leben erinnern. Einige Menschen suchen bewusst nach Rückführungen und Seminaren zu vergangenem Bewusstsein. Dies ist alles möglich, wenn man den Wunsch verspürt, mehr zu wissen. Ich denke, es ist zwar nicht schlimm, dennoch gibt es für mich einen Grund für diesen Schutzmechanismus.

Ich erhalte die Informationen, die für mein jetziges Leben wichtig sind, aus der Vergangenheit und habe in meinem jetzigen Entwicklungszustand genügend damit zu tun, diese zu verarbeiten. Ich vertraue darauf, dass ich alles Vergangene, das ich wissen soll, weiß für dieses Leben.

Ich lasse meine vergangenen Leben ruhen und konzentriere mich auf das jetzige und vertraue darauf, dass ich alle Informationen und Impulse erhalte, die ich im jetzigen Leben benötige.

Mütter

Jede Frau, die die Gnade erhält, Mutter zu sein, erhält ein wunderbares Geschenk der Schöpfung.

Das tiefste und innigste Gefühl in meinem Leben, das mir das Universum schenkte, ist das Leben meiner Kinder. Nach der Geburt konnte ich das Glück kaum fassen, ich hatte das Gefühl, ich erlebe ein Wunder. Da mein erstes Wunder sehr ruhig war, kam das nächste Wunder 18 Monate später.

Die Aufgabe und innere Bindung ist lebenslang. Es ist wichtig, das Glück zu fühlen und es sich jeden Tag bewusst zu machen. Die Aufgabe einer Mutter liegt darin, ihr Glück zu genießen. Auf gar keinen Fall dürfen sich Mütter für ihre Kinder und Familie aufopfern, sonst kann die Liebe und Beziehung zu den Kindern oder zum Vater der Kinder nicht fließen.

Falls eine Mutter zu sich selbst keine Liebe, Respekt vor körperlichen Grenzen und ein klein wenig Zeit für sich selbst empfindet, so wird sich ihre Anstrengung verdoppeln, um ihre Familie glücklich zu machen. Bitte arbeiten Sie dann an sich selbst! Schreiben Sie sich auf, was sie alles leisten und wie wichtig Ihr Beitrag für diese Welt ist.

Jede Mutter hat den gleichen Wert! Eine Mutter, die ihre Kinder liebt und zuhause ist, ist genauso wertvoll wie eine Mutter, die ihre Kinder liebt und erfolgreich arbeitet.

 Die Aufgabe einer Mutter liegt darin,
ihre Beziehung zu den Kindern zu genießen
und den Kindern das Schöne und Gute
dieser Welt zu zeigen und vorzuleben.
Dies ist ein wertvoller Beitrag für dieses
Universum!

Väter

Jedes Kind hat einen Vater, der sein Kind liebt. Dies sollte jedem Kind bewusst gemacht werden. Väter haben eine schwierige Doppelrolle.

Auf der einen Seite sollen sie das Einkommen der Familie erwirtschaften, auf der anderen Seite ist unbedingt darauf zu achten, dass ihnen genügend Zeit für Kinder und Familie zur Verfügung steht.

Ein wichtiger Punkt ist jedoch, dass jeder Mann auch ein bisschen Zeit für sich selbst genießt. Dies führt zur eigenen Zufriedenheit und zum inneren Glück. Dadurch kann er seiner Familie auch mehr Liebe schenken und kompensiert den Stress in der Arbeit und die Verantwortung für die Familie.

Falls ein Vater nicht bei seiner Familie sein kann, gewollt oder nicht gewollt, so hat jedes Kind und jeder wahre Vater eine liebende Energie, die verbindet.

Kein Mensch hat das Recht, in Worten und Gedanken den Vater des Kindes zu beschimpfen. Jede Mutter soll dem Vater für das Glück des Kindes danken.

Jeder Vater darf, falls er die Erziehung an einen neuen Lebenspartner der Mutter abgegeben hat, in Worten und Gedanken dem Erziehenden vertrauen.

Jeder Vater, der nicht in Kontakt mit seinem Kind treten darf, soll sich bewusst sein, dass jedes Baby erwachsen wird und dann eigene Entscheidungen fällen kann.

Jedes Kind und jeder Vater
haben ein Recht
auf gemeinsame Zeit und Liebe.

Jede Frau kann Mutter sein, ohne ein eigenes Kind zu haben

Einige Frauen können oder wollen keine Kinder in diesem Leben haben oder finden nicht den geeigneten Vater oder sie haben sich für eine andere Lebensaufgabe entschieden.

Jedoch kann jede Frau, wenn sie dies wünscht, eine Form von mütterlicher Beziehung zu Kindern oder Erwachsenen führen. Es kommt immer auf das innere Gefühl und die Liebe an, nicht auf den Verwandtschaftsgrad.

Eine Freundin von mir kann aus medizinischen Gründen keine leiblichen Kinder bekommen. Ihre Berufung ist es, Menschen bei ihrer persönlichen Entwicklung zu helfen; so gibt sie Seminare für Erwachsene, die der persönlichen Weiterentwicklung und Ethik dienen. Im Grunde hat sie viele Kinder. Ihre Seminarteilnehmer haben ein inniges, vertrautes Verhältnis zu ihr.

Sie hat eine mütterliche Beziehung zu vielen, vielen Menschenkindern!

Eine andere Freundin von mir hat nicht den geeigneten Partner gefunden und hilft ihrer Schwester bei der Entwicklung ihrer Kinder und führt eine innige Beziehung zu den Kindern. Sie lebt ihr Mutterglück hier aus.

Ich selbst wünschte mir immer vier Kinder mit zeitlich kurzem Abstand. Nach dem zweiten Kind entschieden wir uns dann, keine weiteren leiblichen Kinder zu bekommen. Meine weitere Mutterrolle lebe ich bei vielen anderen Kindern aus.

 Jede Frau kann eine Mutterrolle ausleben und genießen, auch ohne leibliche Kinder zu haben.

Wahres Glück

Wahres Glück braucht nicht gesucht werden.

Wahres Glück befindet sich im Inneren der Menschen.

Wahres Glück kann nicht im Äußeren gefunden werden.

Oft suchen Menschen nach dem wahren Glück in äußeren Umständen. Es bedarf keiner Suche, es ist in uns, und wir sollen es einfach nur ansehen und leben. In der Zukunft werden wir wissen, dass man Glück nicht erst dann findet, wenn man dieses oder jenes erreicht, wenn man genau diesen Wunschpartner erhält, wenn dieses und jenes erst klappt oder wenn man sich das Wunschauto leisten kann oder fünf Kilogramm abgenommen hat.

Glücklich ist man einfach so!

Wenn wir uns einen Moment Zeit nehmen,
die Stille genießen,
aufhören zu denken,
einfach das Gefühl in uns wahrnehmen,
dann spüren wir dieses tiefe und starke Gefühl,
dass wir einfach glücklich sind in jedem Moment!

Egal, wie die äußeren Umstände sind, dieses Gefühl
sollen wir uns bewahren und leben!

Dieses Gefühl ist ansteckend und manchmal kann ein
kleiner Funke auf andere Menschen überspringen.

Dennoch soll jeder erst seine eigene Quelle und sein
eigenes Glücksgefühl spüren!

Wahres Glück kann nicht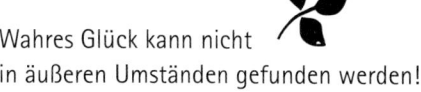
in äußeren Umständen gefunden werden!

Mut

Haben Sie den Mut, zu sich selbst zu stehen!

Haben Sie den Mut, als guter Führer der Menschen
vorwärtszugehen!

Jeder von uns weiß, was richtig und wichtig ist.

Haben Sie den Mut, ethisch zu handeln, und wenn es sein muss,
gegen den Strom zu schwimmen!

Betrügen Sie sich selbst nicht, indem Sie den einfachen Weg
gehen!

Stehen Sie auf und sagen Sie es, wenn Sie Unrecht empfinden!

Hören Sie auf Ihr Gefühl!

Sagen Sie die Wahrheit!

Stehen Sie zu Ihren Wünschen und zu Ihrer Realität!

Stehen Sie auf und sehen Sie nicht zu, wenn Sie Unrecht sehen!

In jedem von uns schlummert diese Eigenschaft. Leben Sie diese wertvolle Eigenschaft aus, so vergrößert sich der Respekt vor sich selbst!

Trauen Sie sich dies am Anfang mit kleinen Dingen, so wird sich automatisch Ihr Mut Schritt für Schritt erweitern. Wenn uns Situationen in unserem Leben widerstreben und wir still zuschauen, anstatt mutig aufzubegehren, kann dies zu Krankheiten führen.

 Mut ist für alle Menschen gut.

Leben Sie Ihren Mut und Ihre Stärke aus, die Sie in sich haben!

Stille

Unsere jetzige Zeit ist bunt, laut und schön.

Wenn ich tanze, höre ich gern laute Musik.

Um uns herum ist vieles laut.

Die menschliche Geräuschkulisse, das Plappern, die eigene Denkmaschine ist laut.

Es ist wichtig, zu sich selbst zu kommen, die Stille zu suchen, das Plappern abzuschalten, die Denkmaschine pausieren zu lassen und alle Handys auszuschalten.

Die Stille genießen und die eigene Quelle anzapfen.

Die ruhende Energie genießen,

einfach nur das „Glücklichsein" genießen.

In der Stille fällt es mir leicht, mich mit meiner Intuition zu verbinden.

Jetzt kann ich Fragen stellen.

Jetzt werde ich Lösungen finden.

Jetzt erhalte ich Ideen.

Jetzt kann ich mein Energiefeld auftanken.

Jetzt sehe ich die Schönheit der Natur.

Jetzt spüre ich die Liebe, die in mir steckt.

Jetzt kann ich das Glück fühlen.

Jetzt bin ich für das mir geschenkte Leben dankbar.

Jetzt erhalte ich Impulse,
was ich dieser Welt (Schöpfung),
von der ich so viel erhalten
und geschenkt bekommen habe,
Gutes zurückgeben kann!

Wichtig ist Zeit für Stille!

Sorgen

Sorgen sind eine Form von Angst vor Situationen und Problemen, die noch nicht eingetreten sind und eventuell nie eintreten werden.

Diese Form der negativen Energie hat keinen Sinn und keine Daseinsberechtigung. Es hat nur eine Wirkung, nämlich durch das Freisetzen Ihrer ängstlichen, negativen Energie wird das Gesetz der Anziehung in Kraft treten und die unerwünschte Situation rückt ein bisschen näher.

Ein altes kosmisches Gesetz besagt, dass ich mit meinen Gedanken meine Realität erschaffe. Verstärken kann man dies, wenn man Gedanken mit einer gehörigen Portion Gefühl mischt.

Dem kosmischen Gesetz zufolge erschaffe ich mir mit meinen eigenen Sorgen und Ängsten nur einen möglichen negativen Ausgang der Wirklichkeit. Sobald unsere Denkmaschine Ängste und Sorgen produziert, sollen unsere rot blinkenden Warnlichter aufleuchten und wir sollten sofort auf die „Stopptaste" drücken!

Es dient unserem Glück, wenn wir mit unserer Gedankenkraft und Konzentration Sorgen in Urvertrauen und Konzentration auf das Positive umwandeln. Verstärken kann man die positive Absicht durch Visualisieren mit einem Bild, das für den guten Ausgang der Situation steht, oder Sie schreiben die erwünschte Hoffnung auf und begründen, warum Sie das Eintreten der Situation verdient haben.

Ich suche mir gerne kleine Steinchen für meine Wünsche, die ich in meine Hosen- oder Manteltaschen stecke und immer, wenn ich in meine Taschen fasse, werde ich an diesen Wunsch und positiven Ausgang der Situation erinnert und so erhält das Steinchen immer mehr Gefühl und ich verstärke die positive, zielgerichtete Absicht, dass genau meine gewünschte Situation Wirklichkeit wird.

Sorgen werden in ein positives Gefühl
und schöne Wirklichkeit umgewandelt!

Egal was geschieht,
wir kommen damit klar

Egal was passiert oder geschieht, schwierige Lebenssituationen treten auf, damit wir daran reifen und lernen, nicht damit wir daran zerbrechen!

Im Leben treten immer wieder Situationen, überraschende Ereignisse und negative Energien auf, die mit uns in Resonanz stehen. Z. B. Trennung, sicherlich ungewollt „Böses" von anderen und Dinge, die wir uns so nicht gewünscht haben.

Warum?

Sicherlich nicht, damit wir daran zugrunde gehen oder ein Teil von uns zerbricht.

Unangenehme Erfahrungen, Enttäuschungen enthalten die Chance des weiteren Reifens, Wachsens und der Stärkung des Charakters.

Kein Mensch ist von negativen Erfahrungen verschont worden. Jeder Mensch hat Schmerz, Trauer und Verlust empfunden. Spielen Sie kein Glück vor, wenn Sie im Inneren traurig sind. Man merkt es doch sowieso!

Jeder Mensch hat ein Recht auf seine Gefühle. Nehmen Sie sich die Zeit auch für diese Emotionen. Jeder Mensch kann selbst entscheiden, warum er traurig oder verletzt ist, es steht keinem zu, anderer Menschen Empfindungen zu bewerten.

Sätze wie: „Das ist doch gar nicht so schlimm, mir ist viel mehr Unglück geschehen", sind eine Form der Wertung, die wir uns nicht erlauben dürfen.

Entscheiden Sie selbst, wie lang Sie für die emotionale Verarbeitung brauchen! Entscheiden Sie selbst, wie lang Sie sich damit aufhalten wollen!

Versuchen Sie eine Lösung zu finden,
eine Lösung für sich selbst im Inneren Ihres Herzens!

Überlegen Sie, was Sie daraus gelernt haben!

Versuchen Sie die Bedürfnisse aller Beteiligten zu bedenken!

Lassen Sie dann, wenn Sie entscheiden, dass der richtige Zeitpunkt da ist, Ihr Leid wieder los und hinter sich. Definieren Sie schriftlich, wozu es gut war und was Sie daraus gelernt haben!

Herzlichen Glückwunsch!

Sie haben sich weiterentwickelt und gehen auch aus jeder leidvollen Erfahrung gestärkt wieder heraus. Vertrauen Sie der Schöpfung, dass es gut war, so wie es ist und es zu Ihrem Besten ist.

Da ich ein sehr emotionaler Mensch bin, habe ich unter vielen Erfahrungen gelitten. Dennoch habe ich das Vertrauen, dass alles, was war, nur dazu da war, damit ich da bin, wo ich heute stehe. Ich habe vieles lernen dürfen. Jede negative Erfahrung hat mich ein Stück weiter gebracht und lichter gemacht.

Ich weiß heute gcnau:

Es liegt in meiner Verantwortung, glücklich zu sein!

 Egal, was geschieht, ich komme damit klar!
Ich und die Meinen sind beschützt
und uns kann nichts geschehen!

Ein einziger Mensch

Das Verhalten und die Energie eines Einzelnen sind wichtig für den gesamten Kosmos.

Oft denken Menschen, ihr eigenes Verhalten ist nicht wichtig, auf die Verhaltensweisen eines Einzelnen kommt es nicht an. Die Welt ist so groß, man kann doch sowieso nichts erreichen und verändern. Sie selbst sind doch nur ein kleines Licht.

Jedes kleine Licht auf dieser Welt ist dafür verantwortlich, dass unsere Welt leuchten wird.

Jede noch so kleine Emotion löst eine Gefühlswelle oder Kettenreaktion aus.

Jeder noch so kleine Gedanke kann diese Welt verwandeln.

Jede noch so kleine liebevolle Tat spendet so viel positive Energie.

Ihr Verhalten und Ihre Denkweise sind für diesen Planeten grenzenlos! Verhalten Sie sich so, dass Ihre Kinder und Kindeskinder und Ahnen und Sie selbst glücklich sind.

Wenn jeder Einzelne auf dieser Welt die Verantwortung für sich selbst und seine eigene Ethik, Wahrheit und Liebe lebt, braucht sich keiner um die anderen zu kümmern.

Transfergelder und soziale Unterstützung

Transfergelder, Fördermaßnahmen, soziale Unterstützung und Arbeitslosengeld sind ein finanzieller Etat oder, vereinfacht gesagt, ein Geldtopf für Menschen in einer Notsituation, die diese Unterstützung wirklich brauchen.

Jede wirtschaftlich gesunde Gemeinschaft soll auch Schwächere stützen und für diese sorgen und ihnen helfen. Dies ist richtig und wichtig.

Dennoch ist das Gleichgewicht und die Balance dieser Gemeinschaft wichtig, so soll es wesentlich mehr Menschen geben, die diesen Topf füllen als Menschen, die entnehmen, sonst ist der Topf bald leer.

So ist jetzt höchste Vorsicht geboten!

Es gibt hier zwei Seiten der Medaille:

- · Jeder Mensch, der arbeiten will und keine Arbeit hat und danach sucht, soll Unterstützung erhalten.
- · Jeder Mensch, der krank ist, in Not gerät, soll von einer Gemeinschaft unterstützt werden.
- · Kinder, Familien müssen von einer Gemeinschaft unterstützt und geschützt werden.
- · Kein Mensch soll Hunger leiden.

Seien Sie sich Ihrer sozialen Verantwortung für Schwächere bewusst!

Jedes gute wirtschaftliche System kann Schwächere auffangen und der Topf wird immer gefüllt sein. Dennoch brechen wirtschaftliche Hilfssysteme zusammen, wenn:

- · zu viele, die arbeiten könnten, nicht arbeiten wollen und sich in die soziale Hängematte legen,
- · Eltern ihren eigenen Kindern vorleben, dass es sich nicht lohnt, sich zu engagieren im Leben,
- · Förderungen in Anspruch genommen werden, obwohl man dies auch erarbeiten könnte,
- · das eigene System soviel Förderung anbietet, dass Menschen vom Arbeiten abgehalten werden.

Bei diesem Thema ist die Balance des Systems sehr wichtig. Entnehmen Menschen, ohne dass sie es wirklich nötig haben, etwas aus dem Topf, wird irgendwann auch für diejenigen, die es dringend brauchen, nichts mehr drin sein. So gehen wir unethisch mit diesem Topf um, fügen wir unserem Wirtschaftssystem und unseren Kindern und Kindeskindern langfristig Schaden zu!

Keine Nation darf weder aus wirtschaftlichen noch aus anderen Gründen Menschen von der Arbeit abhalten.

Beurteilen und Verurteilen von anderen

Kein Mensch in diesem Universum hat das Recht, andere zu beurteilen oder das Verhalten anderer zu verurteilen. Egal, was andere tun. Kein Mensch hat dieses Recht, egal, was geschieht.

Oft kennen wir keine Details, keine Beweggründe und auch nicht die Kindheit eines Menschen und dessen Erfahrungen. Wir dürfen uns nicht anmaßen zu richten. Jeder Mensch muss mit seinem Verhalten und den daraus resultierenden Folgen klarkommen. Wenn Menschen schwach, unangenehm oder sozusagen angeblich „böse" reagieren, kennen wir ihre Ängste und Nöte und Beweggründe nicht.

Verschwenden Sie Ihre Zeit und Energie nicht mit dem Schimpfen über andere. Wenn Menschen andere bewerten, zeigt es nur an, dass diese schimpfenden Menschen gerade negative Energie freisetzen, in Resonanz mit negativen Wellen stehen und sich weiterhin auf unangenehme Erfahrungen konzentrieren wollen und diese anziehen werden.

Konzentrieren Sie sich auf Ihr eigenes Verhalten und Ihre eigene Kraft, kommen Sie bei sich selbst an! Wie andere sich verhalten, können wir nicht bewerten und nicht verändern. Beurteilen Sie andere nur mit Ihrem Herzen! Halten Sie sich von negativem Geschnatter und Geplapper fern und bleiben Sie bei sich!

Jeder soll in seiner inneren Ruhe und Kraft bleiben und in seinem Herzen. Bewertungen anderer in negativer Weise schaden nur der eigenen Energie und Gedankenkraft.

Beurteilungen
von Menschen über uns selbst

Von klein an hat es mich noch nie interessiert, was andere
Menschen über mich denken.

Es war für mich wichtig, was ich von mir halte und dass ich
mit meinem Verhalten einverstanden bin. Wichtig ist, dass wir
unseren eigenen Weg gehen und frei von der Beurteilung
anderer Menschen sind.

Jeder Mensch
soll ein freier Geist
in diesem Universum sein.

Reichtum und Wohlstand

Reichtum und Wohlstand haben nichts mit der Höhe des Bankkontos oder dem Besitz zu tun.

Reichtum hat nichts mit Oberflächlichkeit, Marken, Aussehen oder gesellschaftlichen Verpflichtungen zu tun.

Im Wohlstand leben bedeutet, sich in einem angenehmen, wohligen Zustand zu befinden.

Ja!

Die Schöpfung meint es mit allen Menschen sehr gut.

Ich bin reich, weil:

ich mit mir glücklich bin,

ich meinen Mann liebe und umgekehrt,

ich meine Kinder liebe und umgekehrt,

ich meine Eltern liebe und umgekehrt,

ich noch alte Freundschaften pflege,

ich kerngesund bin,

ich mit unglaublich viel Energie ausgestattet bin,

die Schöpfung mir lauter tolle Menschen um mich herum schickt,

ich es mir leisten kann, mich gesund zu ernähren,

mir meine Arbeit unglaublichen Spaß macht,

ich andere Menschen glücklich machen kann,

ich andere Menschen aufrichten und weiterbringen kann,

ich in einem Naturparadies lebe,

ich in meinem Naturparadies nette Nachbarn habe,

ich bei mir angekommen bin,

ich dankbar für alles bin.

 Reichtum kann nicht in einer Währung,
sondern nur mit dem eigenen Glück gemessen werden.

Der Wahnsinn der Gewinnmaximierung

Im Jahre 2008 starben Kinder in China, weil die Milch mit Melamin angereichert wurde.

Die Industrie geriet unter Druck und wollte den Gewinn steigern.

Warum?

Im Jahre 2008 erlebten wir einen weltweiten Zusammenbruch der Finanzmärkte. Banken gerieten unter Druck, der Gewinn musste gesteigert werden. Großbanken handelten immer spekulativer. Finanzmärkte brachen zusammen.

Warum?

Warum stehen Politiker nicht mehr zu ihrer wahren Verantwortung?

Warum geschieht in diesem Moment auf der Welt so viel, was Menschen unsicher und ängstlich werden lässt?

Weil jetzt die Zeit für Veränderung gekommen ist.

Weil jetzt erst alte Systeme aufbrechen müssen, sonst sehen wir die Notwendigkeit der Veränderung nicht.

Weil die Politik so im Moment sich selbst behindert.

Weil der momentane Wahnsinn und Erfolgsdruck sonst weitergeht.

Weil, wenn wir so weitermachen, alle Finanzmärkte und Wirtschaftssysteme restlos zusammenbrechen werden.

Weil es so nicht weitergehen kann.

Weil wir Verantwortung für alle Menschen und unsere Umwelt übernehmen müssen.

Weil im Moment unsere guten Werte völlig verloren gehen.

Weil Menschen vor lauter Ängsten nicht mehr miteinander umgehen können.

Weil mehrere Branchen und Systeme zerbrechen.

All diese schrecklichen Ereignisse geschehen:

damit wir zu uns kommen und aufwachen,

damit wir umdenken,

damit wir unser Verhalten ändern,

damit wir Verantwortung für Menschen übernehmen,

damit wir Ethik in allen Branchen leben,

damit Großmächte nicht gegeneinander agieren,

damit wir erkennen, die Welt braucht Veränderung,

damit wir eine neue bessere Zeit einläuten!

Systeme müssen sich verschlechtern,
bevor sie verändert werden können.

Die Zeit ist reif für Veränderung.
Wir sind auf dem Weg
in eine lichtere, bessere Welt!

Unangenehme Situationen

Manchmal befinden wir uns in einer Situation, die für uns unangenehm ist oder unter der wir leiden.

1. Schritt: Wir versuchen unter der Situation nicht zu leiden, indem wir versuchen, mit den beteiligten Personen zu reden, und wir erkennen die Interessen der anderen und ihren Blickwinkel an.

2. Schritt: Gespräche verlaufen erfolglos und wir suchen eine Lösung, wie wir mit dieser Situation umgehen.

Wenn wir weiterhin unter dieser Situation, die für uns dann immer noch unangenehm ist, leiden, dann ist es Zeit für uns zu gehen.

Manchmal geht das nicht sofort, aber wir können uns dann eine Zeitspanne setzen, in welcher wir dann ein Verlassen der unangenehmen Situation geschafft haben. Reden Sie sich jetzt bloß nicht ein, warum genau bei Ihnen ein Verlassen der Situation nicht möglich ist. Es ist möglich! Es sei denn, Sie blockieren sich in Ihren Gedanken! Wir sind von keiner Situation und von keinem Menschen abhängig. Sie finden eine Lösung.

Wir sollen nicht ewig in Lebenssituationen verharren,
in denen wir nicht glücklich sind.

Wir behindern sonst das Glück der uns nahestehenden
Menschen mit unserer unangenehmen Energie.

Unangenehme Menschen

Manchmal gibt es Menschen in einem sozial niedrigen Entwicklungszustand, der sich aber auch noch positiv entwickeln wird.

Wir stehen dann zu diesen Menschen in negativen Bezugsenergien. Noch schlimmer, sollten wir selbst im Moment kein gereinigtes Energiefeld aufweisen, dann stehen wir mit unangenehmen Menschen in Resonanz. Wichtig ist, dass wir bei uns und unserer inneren Kraft bleiben.

Wenn wir erkennen, dieser oder jener Mensch hat negative Energien, können wir eine Art innere Jalousie bei jeder Begegnung herunterziehen.

Unangenehme Menschen sind für uns nur kurze Zeit unangenehm. Haben Sie Mitgefühl, denn unangenehme Menschen müssen mit sich selbst ein Leben lang klarkommen. Diese Menschen können überall hinreisen, jedoch nie vor sich selbst weglaufen.

So schicken Sie diesen wenigen unangenehmen Menschen in diesem Universum ein paar liebevolle Gedanken und tragen zu ihrer Weiterentwicklung und Höherführung bei.

Entscheidungen

Oft stehen wir an einer gedanklichen Kreuzung und haben die Wahl, rechts oder links zu gehen. So kann man seinen Verstand fragen und alle Vor- und Nachteile abwägen und sich dann entscheiden. Dennoch kann man sich auch fragen, wie mein Herz und Gefühl entscheiden würde.

Wichtig ist, dass wir wissen, egal, welchen Weg wir wählen, wir kommen immer ans Ziel.

Egal, welchen Weg wir wählen, wichtig ist, dass wir beim Gehen bewusst fühlen, dass es der richtige Weg ist, sonst fällt uns das Gehen schwer.

 Falls wir uns nicht bewusst entscheiden und glauben, dass das Universum und die Schicksalswinde schon das Richtige tun werden, besteht die Gefahr, dass wir von uns selbst und unserem Weg abkommen.

Jugendliche

Jugendliche sind das Spiegelbild einer Gesellschaft. Sind wir mit unseren Jugendlichen nicht zufrieden, so sollen wir uns fragen, was wir verbessern können. Denn unsere Jugendlichen sind unser Kapital und unsere Zukunft. Unsere Jugend hat unglaublich viel Energie, die von ihnen weder geistig noch körperlich abgerufen wird. Oft sitzen diese Jugendlichen dann herum und kommen auf dumme Gedanken, da sie ihre positive Energie nicht verarbeiten können.

Aus der eigenen Jugend weiß man, dass dies eine schwere Zeit ist. Jedoch ist der richtige Umgang mit Jugendlichen für Erwachsene, Eltern und Vorgesetzte auch nicht einfach. Jugendliche testen noch Grenzen und Verhaltensweisen aus und wissen noch nicht, was richtig und wichtig für sie ist, kennen ihre wahren Ziele noch nicht. Jugendliche spielen oft selbstsichere, nicht höfliche Rollen, gerade wenn sie ganz unsicher sind, und werden laut, wenn sie sich nicht im Recht fühlen und überspielen Ängste mit Stärke!

Äußerlichkeiten scheinen wichtig zu sein. Je älter Jugendliche werden, desto eher kommen sie auf ihre inneren Werte zurück. Jugendliche brauchen ein angenehmes Umfeld, sind sehr sensibel, auch wenn sie das nicht zeigen, und suchen Liebe in hohem Maß.

Als Jugendlicher wünscht man sich,
wie ein Erwachsener respektvoll behandelt zu werden
und dennoch wie ein Kind geliebt zu werden.

Kindheitsprägungen

Oft erhalten wir in unserer Kindheit von unseren Eltern, Großeltern
und Erziehern und unserem Umfeld deren ideale Wertvorstellungen
und gut gemeinte Tipps und Erfahrungen aus deren Zeit.
Diese Lebensratschläge sind sicher liebevoll gemeint und sicherlich
zu unserem Besten. Dennoch ändern sich die Zeiten und deshalb
sind richtig gute Tipps und Lebensweisheiten von damals heute oft
nicht mehr aktuell.

Auch weiß man heute, dass es richtig ist, seinen eigenen Weg
zu gehen und nicht in Lebenssituationen zu verharren, die nur
unglücklich machen und Krankheiten bringen.

Es ist alles möglich und deshalb kann und darf man sich von
Kindheitsprägungen lösen.

Wir wissen auch, dass Zitate wie:

„Nur wenn es schlaucht und richtig harte Arbeit ist, kommt
man vorwärts."
> völlig veraltet sind:
Es darf leicht gehen!

„Was halten denn die anderen davon?"
> völlig veraltet sind:
Wir sind heute selbstbewusst!

„Das macht man nicht."
> völlig veraltet sind:
Andere sind nicht die Entscheider für unser Verhalten!

Wenn es ethisch korrekt ist, können wir alles machen.

Wir sollen uns überlegen, welche gut gemeinten
Sätze aus unserer Kindheit uns in unserem freien
und glücklichen Leben bremsen und ob diese Glaubenssätze
noch unserem Zeitalter entsprechen.

Zuversicht

Zuversicht ist das sichere Bewusstsein, dass wir im Inneren spüren, dass alles, was geschieht, zu unserem Besten ist und zum Wohle dieser Welt ist, dass jeder morgige Tag besser wird als der heutige und dass sich alles zum Guten verändert.

Oft, wenn wir Ereignisse nur kurzfristig betrachten, sind wir mit der Situation nicht zufrieden. Dennoch, wenn wir Ereignisse langfristig betrachten, hat jede unangenehme Situation ihr Gutes, ihre positive Veränderung und einen Lernprozess für alle Beteiligten mit sich gebracht.

Jede Veränderung, jeder Zusammenbruch eines Systems bewirkt langfristig eine Verbesserung. So können wir unserer Schöpfung vertrauen, in Zuversicht leben und wissen, dass alles, was passiert, egal, wie wir dies im Moment bewerten, nur zum Wohle dieser Welt ist!

Strahlen Sie bitte auf Ihre Umwelt,
auf Ihre Familie und Kinder,
auf Ihre Arbeitsumwelt und auf Ihre Freunde
ein bisschen Zuversicht
und Vertrauen in die Zukunft aus!

Strahlen

Einfach strahlen ist meine Königsdisziplin,
ein Geschenk des Himmels, das ich in diesem Leben von oben
mitbekommen habe. Oft genießen Menschen in meinem Umfeld
diese Eigenschaft und ohne, dass ich etwas sagen muss, kann
ich Menschen ein paar positive Strahlen schicken.

Oft kann ich diese Eigenschaft nutzen, um dieser Welt mehr
Licht zu schenken. Wenn ich durch die Straßen einer Stadt
laufe, genieße ich es auch, wenn mich Menschen anlächeln und
wenn ich glücklichen Menschen begegne.

 Strahlen Sie doch bitte
auf Ihr Umfeld Ihr Lächeln aus,
wir haben alle etwas davon!

Heiterkeit

Lachen, Heiterkeit und Albernsein ist die beste Medizin und lässt Engel gerne bei uns sein.

Von unseren Kindern können wir lernen, herzhaft zu lachen. An Tagen, an denen uns Fehler unterlaufen und nicht alles klappt, wie wir es uns wünschen, sollen wir nicht alles so ernst nehmen und über unsere eigenen Fehler lachen können. Einfach mal albern sein, über den Alltag lachen und uns von unseren Kindern Witze erzählen lassen.

Lachen kann heilen!

Soziale Verantwortung

Alle Menschen haben anderen Menschen gegenüber eine soziale Verantwortung.

Menschen mit mehr Einkommen dürfen Ärmeren helfen.

Viele Unternehmen, die erfolgreich sind, engagieren sich mit Spenden, übernehmen soziale Verantwortung und betreiben aktiv soziales Engagement.

Einige Frauen engagieren sich für Kinder, die nicht die eigenen sind.

Einige Menschen besuchen Kranke im Krankenhaus.

Einige Menschen lesen Älteren im Altersheim etwas vor.

Einige Menschen sind ehrenamtliche Sporttrainer in Vereinen.

Deutsche spenden für Entwicklungsländer

und vieles, vieles mehr.

Die Menschen auf dieser Welt sind eine große Gemeinschaft,
wir alle haben für alle eine soziale Verantwortung.

Jeder kann helfen

durch seine eigene Art,

durch das eigene Können,

jeder in seiner eigenen Liga.

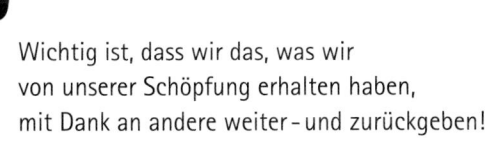 Wichtig ist, dass wir das, was wir
von unserer Schöpfung erhalten haben,
mit Dank an andere weiter-und zurückgeben!

Wahrheit und Aufrichtigkeit

Wahrheit und Aufrichtigkeit zu leben ist der Grundstein zum Glücklichsein.

Wir alle machen Fehler oder haben uns irgendwann fehl verhalten; das gehört zum Leben dazu. Jedoch sollen wir immer bei der Wahrheit bleiben. Wesentliche Teile der Wahrheit wegzulassen, entspricht ihr nicht.

Wenn Menschen mit Worten und Taten der Wahrheit nicht folgen, merken die meisten Menschen dies durch ihr Gefühl und ihre emotionale Intelligenz. Wir haben es nicht nötig, anderen oder uns selbst etwas vorzumachen.

Aufrichtigkeit und Wahrheit sind zeitlose Werte,
die Menschen glücklich machen,
egal in welchem Zeitalter wir leben.

Konzentration auf die schönen Dinge im Leben

Alle Menschen auf dieser Welt haben gleich viel Glück!

Warum glauben manche Menschen dann, dass sie Pechvögel oder Glückskinder sind?

Es liegt nicht daran, dass einige bevorzugt sind und mehr Glück haben als andere, sondern lediglich daran, dass einige Menschen das Glück sehen und andere, die es haben, empfinden dies nicht und verschließen vor den positiven Ereignissen in ihrer Umwelt die Augen.

Es geschehen auf dieser Welt mehr positive als negative Ereignisse.

Es klappen mehr Dinge, als dass sie fehlschlagen.

Es werden mehr gesunde als kranke Kinder geboren.

Es gibt mehr Menschen, die etwas zu essen haben als Menschen, die hungern.

Es gibt mehr Menschen, die in Frieden leben als im Krieg.

Es gibt mehr Menschen, die Arbeit haben als arbeitslos sind.

Es gibt mehr Ehen als Scheidungen.

Es gibt viel mehr Positives als Negatives!

Oft suggerieren uns Medien mit ihren Botschaften, dass dies nicht der Fall ist. Wir lesen mehr schlechte Nachrichten als gute.

Dennoch heißt das nicht, dass mehr schlechte Ereignisse stattfinden als schöne, sondern lediglich, dass offensichtlich der Verkauf einer Zeitung oder die Einschaltquoten eines Programms in die Höhe schnellen, je skandalöser der Bericht oder das Ereignis ist. Hier liegt auch keine Schuld bei den Journalisten oder den Medienschaffenden.

Würden Sie sich auch die Tageszeitung kaufen, wenn diese vermehrt über glückliche Familien, gute Innovationen, tolle Aktionen in Schulen und Kindergärten, glückliche Beziehungen und Ehen und gut laufende Unternehmen, die jeder Rezession trotzen, berichten würde?

Die Zeit ist wirklich reif für ein höher entwickeltes Bewusstsein, für viel mehr Dankbarkeit, für einen Fokus in unserem Leben, der mehr auf der positiven Seite des Lebens liegt!

Suche

Einige Menschen sind in ihrem Leben auf der Suche,
dennoch wissen sie nicht, wonach sie suchen.

Ich wünsche, dass die meisten glücklich leben können,
dennoch leben einige nur so vor sich hin,

dennoch empfinden einige einen Mangel und sind auf
der Suche.

Wonach?

Manche nach Liebe.

Manche nach Geborgenheit.

Manche nach beruflichem Erfolg.

Manche nach sozialem Erfolg.

Manche nach etwas, das sie glücklich macht.

Manche sind auf der Suche

und wissen gar nicht, ob ihnen etwas fehlt
und können auch nicht definieren, was sie suchen.

Einige reisen nach Indien,

andere besuchen Seminare,

wieder andere lesen Bücher.

Alles ist schön und gut, jedoch wenn man auf der Suche danach ist,
wie man „ankommt", so kann man überall auf der Welt herausfinden,
dass es in Wirklichkeit keine Suche gibt, um glücklich zu sein und um
bei sich selbst anzukommen.

Mangeldenken

Es gibt von allem genügend und in Hülle und Fülle.

Es ist nicht gut, sich auf einen Mangel zu konzentrieren.

Es gibt nicht nur diesen einen wichtigen Kunden.

Es gibt nicht nur diesen einen wichtigen Auftrag.

Es gibt nicht nur dieses eine wichtige Ziel.

Es gibt nicht nur diese eine wichtige Chance.

Es gibt nicht nur den einzig wichtigen Menschen.

Es gibt nicht nur dieses oder jenes.

Es gibt von allem genügend,

für jeden ist Platz sich zu entwickeln,

jeder hat durch seine eigene besondere Art, seine eigene
Aufgabe und Position.

Falls wir unseren Wunschkunden und Wunschauftrag nicht
erhalten, dann wird sich ein anderer, vielleicht besserer,
vielleicht lukrativerer finden.

Es gibt genügend von allem,
wir haben es nicht nötig, uns
auf das zu konzentrieren, was
wir nicht haben.

Leichtigkeit

Unser angeborenes Menschenrecht glücklich zu sein ist unsere
Kernaufgabe, um die Leichtigkeit des Lebens auszuleben.

In Leichtigkeit zu leben heißt, den gedanklichen Ballast abzu-
werfen, hinter sich zu lassen und zu vergessen,

die Leichtigkeit des Seins zu genießen und im Geiste zu fliegen,

egal, wie die äußeren Umstände sind, dennoch unbeschwert
zu sein,

den Weg, den wir gehen, in Leichtigkeit zu gehen,
gute Leistung zu erbringen in Leichtigkeit.

Unser Leben soll leicht sein,
Opferdasein bringt niemandem etwas.

Die Aufgaben, die wir erfüllen sollen, fallen uns leicht,
nicht schwer.

Die Ideen, die wir verwirklichen sollen, verwirklichen wir
ohne Mühe.

Wenn wir unser Leben in Leichtigkeit leben, dann fließt
unsere positive Energie

und vieles klappt ohne Anstrengung.

Wenn wir den für uns selbst richtigen Weg gehen,
ist alles im Fluss und alles klappt in Leichtigkeit
und Harmonie.

Unternehmer

Unternehmer sind Menschen mit besonders viel Mut und
Menschen, die sowohl die Verantwortung ihres eigenen
Lebens in die Hand genommen haben, als auch die Verant-
wortung für einen Teil des Lebens ihrer Mitarbeiter.

Gute Unternehmer gehen voran und beziehen ihre
Mitarbeiter mit ein.

Gute Unternehmer sind wirtschaftlich erfolgreich und
lassen die Mitarbeiter besser von ihrem Gewinn leben.

Gute Unternehmer haben gute Dienstleister.

Gute Unternehmer haben gute Mitarbeiter,
die leistungsstark sind.

Gute Unternehmer haben ethisch hohe Werte.

Gute Unternehmer nutzen ihre Intuition.

Gute Unternehmer können, egal, was um sie herum passiert,
immer wieder neu und anders handeln und agieren.

Gute Unternehmer sind unabhängig.

Gute Unternehmer zahlen Gewerbesteuer und sind in ihrer Stadt wichtig.

Gute Unternehmer übernehmen soziale Verantwortung.

Gute Unternehmer sind dafür verantwortlich, dass am Ende des Monats ihre Mitarbeiter Gehalt bekommen.

Auf guten Unternehmern
liegt eine große Verantwortung!

Mitarbeiter

Mitarbeiter sind Menschen, die für ein Unternehmen gerne eine gute Leistung erbringen und diese gute Leistung wird am Ende des Monats mit einem Gehalt abgegolten.

Gute Mitarbeiter tragen ihre Verantwortung im Unternehmen.

Gute Mitarbeiter arbeiten gerne und haben Spaß an ihrer Arbeit.

Gute Mitarbeiter sind glücklich.

Gute Mitarbeiter suchen sich gute Unternehmen aus.

Gute Mitarbeiter tragen die Verantwortung für ihr Leben selbst.

Gute Mitarbeiter wechseln den Arbeitsplatz, wenn dieser ihnen nicht mehr zusagt.

Gute Mitarbeiter erbringen gerne eine gute Leistung.

Gute Mitarbeiter bekommen ein gutes Gehalt.

Gute Mitarbeiter haben Ideen.

Gute Mitarbeiter bringen dem Unternehmen ihr eigenes
Gehalt ein.

Gute Mitarbeiter bringen gute Energie in ein Unternehmen
und motivieren ihr Umfeld.

 Gute Mitarbeiter führen ein glückliches,
verantwortliches Arbeitsleben
und sind wichtig für Unternehmen
und eine florierende Wirtschaft.

Impulse

Ein Impuls ist ein spontaner Einfall der Intuition.

Oft haben wir einen Impuls oder eine Idee, dies oder das zu verwirklichen.

Warum?

Warum hat genau dieser eine Mensch diese Idee? Damit genau dieser eine Mensch diesen Impuls verwirklicht, sonst hätte ihn doch ein anderer Mensch erhalten. Wenn Sie eine Idee, einen Traum, einen Impuls, eine Vision bekommen, dann liegt es an Ihnen, diesen auch zu verwirklichen.

Wenn Sie ewig überlegen, gepaart mit perfektionistischer Planung, erst anfangen, wenn alles sicher ist, dann werden Sie nie den ersten „Holperschritt" gehen und Ihre Planung wird im Sand verlaufen. Impulse sind Geschenke des Himmels. Falls Ihre Planungen im Sand verlaufen, wird ein anderer Mensch diese verwirklichen.

Impulse erhalten wir,
damit wir diese Idee verwirklichen,
sonst hätten wir sie nicht erhalten!

Lebensaufgabe

Jeder Mensch hat in jedem Leben eine Lebensaufgabe.
Diese Aufgabe haben wir gewählt und können diese auch mit
Leichtigkeit verwirklichen. Jede Aufgabe hat den gleichen Wert
und ist hilfreich für unsere Welt und unser Universum. Nach
der Lebensaufgabe braucht nicht gesucht zu werden und sie
muss auch nicht mit dem Verstand erdacht werden, sondern
irgendwann fühlen und spüren wir unsere Aufgabe.

Ein Sinn eines Lebens besteht nie nur für einen selbst, sondern
zum Wohle einiger anderer Menschen oder der gesamten
Menschheit. Jedes Leben hat den gleichen Wert und die dazuge-
hörige Aufgabe auch.

Zum Beispiel erfüllt eine Mutter, die glücklich lebt, ihre Kinder
liebt und ihnen Liebe für die Menschheit, Wahrheit zu leben und
Lebensethik beibringt, eine besondere Aufgabe und bringt die
Menschheit wahrlich voran, wenn ihre Kinder dies verwirklichen.

Zum Beispiel ein Präsident eines Landes, der sein Volk in Frieden regiert und für das Wohl und Vorankommen dieser Nation sorgt, hat wahrlich seinem Volk einen Dienst erwiesen und eine besondere Aufgabe.

Was ist Ihre Lebensaufgabe?

Was war Ihnen wichtig, als Sie ein kleines Mädchen oder ein kleiner Junge waren?

Welchen Sinn und Traum von Ihrem Leben haben Sie noch nicht in die Realität umgesetzt?

 Jede verwirklichte Lebensaufgabe
hilft der Menschheit vorwärts zu gehen.

Selbstbewusst

Selbstbewusst heißt, wir sind uns unseres wahren Selbst
bewusst.

Das heißt, dass wir uns unserer Stärken sowie unserer
Schwächen bewusst sind.

Stärken sind dazu da, um gestärkt zu werden.

Wenn wir uns unserer Stärken bewusst sind,
dann kennen wir unseren Weg und sind stark genug,
um diesen auch bewusst zu gehen.

Wir werden dann von unserem höheren Selbst geführt.

Wir werden in unserer Stärke, in unserer Disziplin ein wahrer
Meister, wir brauchen niemandem etwas wegzunehmen oder
die Show zu stehlen, weil jeder in seiner eigenen bewussten
Stärke zu seinem wahren und höheren Selbst findet.

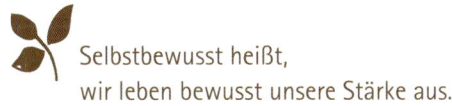

Selbstbewusst heißt,
wir leben bewusst unsere Stärke aus.

Eine neue Zeit beginnt...

Wir haben das Industriezeitalter hinter uns gelassen,
haben das Zeitalter der Computer hinter uns,
haben jede Form der äußeren Bedürfnisse befriedigt
und reisen gerade in eine neue noch schönere Zeit.

Die Zeit ist reif für Veränderung in ein glückliches Bewusstsein.

Wir reisen in eine Zeit des neuen inneren Bewusstseins.

Diese neue Zeit bringt die Erde in eine höhere Schwingung.

Menschen leben glücklicher und sind in ihrem Inneren zufriedener.

Sie lernen ihre eigene innere Quelle anzuzapfen und sind sich Ihres
höheren Selbst bewusst. Menschen leben ihre Liebe, sich selbst,
und strahlen ihre Liebe auf andere Menschen aus.

Die neue Zeit bringt Lehrer für die innere Kraft, Gedankenkraft,
Frieden und soziale Verantwortung.

Menschen erfahren durch Worte Heilung.

Worte wie Glück und Liebe nehmen neue Dimensionen an und
wir lernen mehr über Seelenpartner und Zwillingsflammen.
Die ganze Menschheit verändert ihre Gedankenstrukturen und
wir erkennen, dass wir alle eins sind.

Die Kommunikation mit dem Universum ist leicht verständlich.

Wir lernen mit immer weniger Worten zu kommunizieren.

 Wir werden unsere Gedanken
und Gefühle bewusst einsetzen.

Wir leben einfach glücklich!

*Eine schönere neuere
glücklichere Zeit beginnt!*

Danksagung

Ich danke meinem geliebten Mann Gerald Schreiber und meinen zwei Söhnen für ihre Liebe und für die Ermutigung und Unterstützung in diesem Leben.

Ich danke meiner kreativen Grafikerin Katja Wagner für die wunderschöne Gestaltung dieses Buches.

Ich danke meinem Fotografen Torsten Hönig für die schönen, gefühlvollen Bilder und seine bewundernswerte Kunst.

Ich danke meinem gesamten Team für die Unterstützung.

Ich danke Tanja Villinger, Magret Elster, Antje Fröba, Gisela Weinholz und Robert Stark für die prägenden Gespräche in meinem Leben.

Ich danke Christine Gewalt, Susanne Sauer, Sandra Kipper, Aika Weinholz und Doris Veith für 30 Jahre Freundschaft.

Ich danke Ernst Bork dafür, dass er sein Buchwissen so nett mit mir geteilt hat.

Ich danke meiner Pallas-Intuitionsgruppe für ihre Unterstützung.

Ich danke meinen Eltern für ihre Liebe und für die Zeit die sie mit meinen Kindern verbringen.

Tagesseminare
für intuitives Schreiben

Nähere Informationen unter:
Tel.: 09131-92 38 970, www.kosmische-weisheiten.de

Inhalt